Geronimo Stilton

W0296167

LE PIÙ BELLE BARZELLETTE DEL MONDO

con il gioco del
Gran Barzellettiere

PIEMME

Testi di Geronimo Stilton.
Coordinamento editoriale di Patrizia Puricelli.
Editing di Viviana Donella.
Coordinamento artistico di Roberta Bianchi.
Illustrazione di copertina di Giuseppe Ferrario.
Illustrazioni interne: Archivio Piemme.
Grafica di copertina di Chiara Cebraro *e* Cecilia Flegenheimer.
Impaginazione di Cosetta Pizzi.

Da un'idea di Elisabetta Dami.

www.geronimostilton.com

Le barzellette sono tratte da:
Barzellette Super-Top-Compilation 1
© 2001 - EDIZIONI PIEMME S.p.A.
Barzellette Super-Top-Compilation 2
© 2002 - EDIZIONI PIEMME S.p.A.
Barzellette Super-Top-Compilation 4
© 2004 - EDIZIONI PIEMME S.p.A.
Barzellette Super-Top-Compilation 6
© 2006 - EDIZIONI PIEMME S.p.A.

I Edizione 'Le più belle barzellette del mondo'
© 2013 - EDIZIONI PIEMME S.p.A.
20154 Milano (MI) - C.so Como, 15
info@edizpiemme.it

International rights © Atlantyca S.p.A.
Via Leopardi, 8 - 20123 Milano - Italy
www.atlantyca.com - contact: foreignrights@atlantyca.it

Stilton è il nome di un famoso formaggio prodotto in Inghilterra dalla fine del 17° secolo. Il nome Stilton è un marchio registrato. Stilton è il formaggio preferito da Geronimo Stilton. Per maggiori informazioni sul formaggio Stilton visitate il sito www.stiltoncheese.com

È assolutamente vietata la riproduzione totale o parziale di questo libro, così come l'inserimento in circuiti informatici, la trasmissione sotto qualsiasi forma e con qualunque mezzo elettronico, meccanico, attraverso fotocopie, registrazione o altri metodi, senza il permesso scritto dei titolari del copyright.

Stampato presso ELCOGRAF S.p.A. - Stabilimento di Cles (TN)

SOMMARIO

Un libro tutto da ridere!

Ah, che **splendida** giornata! Gli uccellini cinguettavano, i fiori profumavano, i tiepidi raggi del sole scaldavano i prati... e io SBALLONZOLAVO su e giù a bordo di un pullman diretto a Portosorcio, dove avrei intervistato Gustav Bòn, il cuoco più alla moda della città.

Ma scusate, non mi sono ancora presentato: il mio nome è Stilton, *Geronimo Stilton*, e dirigo l'*Eco del Roditore*, il giornale più famoso dell'Isola dei Topi.
Dunque, che cosa vi stavo dicendo?
Ah sì, finalmente era arrivata la **PRIMAVERA**, ma io, invece di godermi la bella stagione in compagnia della mia famiglia (erano a fare un bel picnic, loro!), ero in viaggio verso Portosorcio per ordine di nonno Torquato (e quando il nonno decide, io... eseguo!).
SQUIIIT, la strada era piena di buche e io mi sentivo più frullato di un frappè al gorgonzola **CARAMELLATO!**
Almeno ci fosse stato qualcuno con cui scambiare due chiacchiere...

Ma l'autista era **IMPEGNATO** a guidare, il roditore della prima fila a ronfare e il topino alla mia sinistra ad ascoltare musica a tutto volume.

SIGH! MI ASPETTAVANO ANCORA 2 ORE DI VIAGGIO...

Per fortuna, all'improvviso il mio cellulare squillò: – Ciao Benjamin!

– Ciao zio! Ci manchi! Volevamo salutarti... Come va il tuo ***VIAGGIO?***

– Squiiit, mi mancate anche voi, bocconcino di grana! Il viaggio... ehm... è un po' noioso...

In realtà era un **INCUBO**, ma non volevo far preoccupare il mio nipotino! Poi mio cugino Trappola

afferrò il telefono e gridò: – Ehilà, Geronimucchio, ci penso io a **tirarti su il morale!** Lo sai che cosa fa un gallo in mare? *Galleggia*! Ha ha ha!
Sentii all'altro capo del telefono tutti che scoppiavano a RIDERE... in effetti, la battuta di Trappola era proprio divertente!

– Geronimo, sono Tea! Anch'io ho una barzelletta da raccontarti... Sai come si chiama il più forte portiere di calcio giapponese? *Yoparo Irigori!*
HE HE HE!
Le risate continuarono, e anche le barzellette! Me ne raccontarono tantissime, tenendomi **compagnia** per tutto il viaggio.
Alla fine, li ringraziai: – Non c'è niente

di meglio di quattro risate in compagnia per passare il tempo in allegria!
– Giusto nipote! – urlò nonno Torquato prendendo il **telefono**. – Quindi non battere la fiacca: raccogli tutte le barzellette che ti abbiamo raccontato in un libro: dobbiamo pubblicarlo subito, e quando dico subito vuol dire proprio **SUBitOOOOOOO!**

Con il nonno c'è poco da scherzare, così eccolo qui: un libro tutto da ridere!

Buona lettura e... buone risate a tutti!

BARZELLETTE SUGLI ANIMALI!

– Mi raccomando, Annibale...
acqua in bocca!

QUAL È IL CANE...

... più dolce?
Il can-dito!

... più dolce ancora?
Il can-nolo!

... più intonato?
Il can-tante!

... più chiuso?
Il can-cello!

... più utile di notte?
Il can-delabro!

... che vede più lontano?
Il can-nocchiale!

... che fa più danni?
Il can-none!

... che galleggia meglio?
Il can-otto!

... più bravo a fabbricare gli orologi?
Il can-tone svizzero!

LA RICERCA

Graziano deve fare una ricerca di scienze per la scuola e interroga zio Gabriele.
– Zio, perché i pesci sono muti?
– Che domande! Prova tu a parlare *con la bocca piena d'acqua*!

SEMPLICE...

Una scolaresca visita una fattoria.
Il fattore chiede se qualcuno sa quante mucche ci sono nel campo.
Un alunno risponde:
– Sono 898!
Il fattore, sbalordito, chiede: – Ma come hai fatto a indovinare?
– Semplice – risponde il bambino. – *Ho contato tutte le zampe e poi ho diviso per quattro!*

DOMANDE ASSURDE

Se l'elefantessa è un mammifero, che cos'è l'elefante?
Un... *babbifero*!

Chi non è contento quando i pesci giocano a calcio?
Il pesce... *palla*!

Perché il pesce martello è annoiato?
Perché in mare non c'è neanche un... pesce *chiodo* con cui giocare!

Che cosa fa un cammello su un budino?
Attraversa il... *dessert*!

Che cosa fa un gallo su un cavallo?
Galloppa!

Che cos'è l'apice?
Un insetto che vola di... fiori*ce* in fiori*ce*!

L'UOVO O LA GALLINA?

La mamma, per misurare le capacità logiche della figlia, le pone una domanda:
– Dimmi, secondo te, è nato prima l'uovo o la gallina?
– L'uovo – risponde la bambina senza incertezze.
– Ah! E da che cosa si capisce? – chiede la mamma, sorpresa dalla sicurezza della risposta.
– Perché è molto più vecchio! Non l'hai visto? È completamente pelato!

COLMO

Qual è il colmo per un gatto?
Sentirsi solo... *come un cane*!

MISTERO

Due coccinelle passano davanti a un bozzolo.
– Che cos'è? – domanda la prima.
– Non lo so. Ieri sera ci ho visto entrare un bruco...
In quel momento il bozzolo si apre e ne esce una variopinta farfalla, che vola via.
La prima coccinella, sorridendo, commenta: – Ah, ecco che cos'è... *un negozio di deltaplani*!

KOALA GOLOSO

Un koala entra in un bar: – Potete farmi un toast alle foglie di timo ed eucalipto?
Il cameriere: – Mi dispiace, abbiamo finito *il pane per i toast*!

UNA STORIA DA FAR WEST

In un saloon, entra un cavallo che ordina un tè, lo beve, paga e se ne va.
Uno degli avventori ha seguito la scena con gli occhi sgranati e, appena l'animale esce, dice al barista, stupito: – Ma... è una cosa mai vista!
– Già – risponde l'altro senza scomporsi. – Di solito *prende un bicchiere di latte*.

PESCI ROSSI

Un pesciolino rosso, nell'acquario insieme alla madre, osserva incuriosito la lavatrice in funzione poco distante.
– Che bello, mamma! – esclama entusiasta. – Un giorno mi ci porti, *sulla giostra*?

VITA DA TARTARUGA

Una tartaruga sta passeggiando tranquillamente. A un certo punto vede una sua amica ferma da una parte, bloccata da una serie di impalcature che le circondano tutto il guscio.
– Ma... che cosa ti è successo? – domanda la prima tartaruga.
– Niente, niente – la tranquillizza l'amica.
– *Sto solo facendo ristrutturare la casa*!

ALLO ZOO

Un signore, fermo davanti a una gabbia, commenta: – Chissà che cosa direbbero questi giaguari se potessero parlare!
E il guardiano: – Direbbero: *'Veramente, siamo pantere'*!

PORCOSPINI AVVENTUROSI

Un giorno due porcospini decidono di esplorare una zona desertica che si trova subito fuori dal boschetto dove hanno sempre vissuto.
Superata una collinetta sabbiosa, si trovano davanti a una piccola valle piena di piante grasse, tutte verdi e irte di spine.
– Aaah! – grida uno dei due porcospini.
– Siamo stati invasi dai *marziani*!

CANE DA GUARDIA

Una pantegana babbea racconta a un amico: – Ho preso un ottimo cane da guardia! A ogni rumore sospetto, *io sveglio il cane e lui comincia ad abbaiare*!

AL TEMPO DEI DINOSAURI

La maestra ha portato tutta la classe a visitare il Museo di Storia Naturale.
In una sala dedicata alla preistoria ci sono gli scheletri di tre grandi dinosauri.
Il piccolo Marco li osserva per un po', poi chiede alla maestra: – Ma... al tempo dei dinosauri, non l'avevano ancora inventata *la pelle*?

APPREZZAMENTI

Un ragno, al ristorante, dopo aver ordinato il primo piatto chiama vivacemente il cameriere: – Cameriere! C'è una mosca enorme nella mia minestra... *Complimenti allo chef*!

GLI ELEFANTI E LA MEMORIA

Sai perché gli elefanti hanno la testa pesante?
Perché hanno una memoria... *di ferro*!

DUE VOLPI E UNA TALPA

Due volpi sono sedute da una buona mezz'ora davanti alla tana di una talpa.
Non prenderai mai quella talpa, è furba e non uscirà!
Invece di rispondere, l'altra volpe squittisce e subito dalla tana esce la talpa.
– Amica mia, al giorno d'oggi *se non sai almeno due lingue non ti dà retta proprio nessuno*...

UN CANE AL TELEFONO

Un cane, solo in casa, risponde al telefono: – Bau!
– Come, prego? – chiede stupito l'interlocutore all'altro capo del telefono.
– Bau!
– Pronto! Come? Non ho capito...
– Senta, B come Bari, A come Ancona, U come Udine...

UN TRUCCO PER DORMIRE!

– Quante pecore hai?
– Non so, perché tutte le volte che le conto *mi addormento...*

TRA GATTI

Che cosa si dicono due gatti quando fanno la pace?
A*mici* come prima!

LA CORSA DEGLI ELEFANTI

Nella savana la terra comincia a tremare, una nuvola di polvere si alza nel cielo, gli alberi cadono...
È un branco di elefanti che sta correndo a grande velocità. In coda al branco c'è un topolino che corre con aria entusiasta. Incuriosito, un uccello gli si avvicina in volo e gli chiede: – Ma dove state andando così di corsa?
E il topolino: – *Non lo so, però stiamo facendo un gran baccano!*

È DI STOFFA!

– Buongiorno, sono venuto da lei perché mi hanno detto che è un esperto di pappagalli. Le ho portato il mio: sa, non ne vuole proprio sapere di parlare!
– Per forza! – esclama l'esperto. – Questo pappagallo è *di stoffa*!

UN CANE TUTTOFARE

Un cartello sulla finestra di un ufficio dice: 'Offresi lavoro. Pari opportunità'.
Un cane, passando di lì, vede il cartello ed entra chiedendo il posto.
Il direttore gli risponde: – Ma non posso assumere un cane!
Il cane insiste: – E le 'Pari opportunità'?
Così, il direttore lo mette alla prova facendogli scrivere a macchina una relazione.

Il cane, velocemente, consegna il foglio senza alcun errore.
Ma il direttore non si convince: – La persona che cerchiamo deve anche saper usare perfettamente il computer.
Un'ora dopo, il cane presenta al direttore un nuovo programma di videoscrittura.
Il direttore, allora, aggiunge: – Vede, io però ho assolutamente bisogno di qualcuno che conosca almeno due lingue!
Il cane guarda il direttore e risponde:
– *Miaooo!*

INDOVINELLO

In una fattoria ci sono dieci mucche, ma scappano tutte tranne nove.
Quante ne rimangono?
Nove!

IN AEREO

– I signori viaggia*tori* e le signore viaggia*mucche* sono pregati di allacciare le cinture!

AUTOSTOP

Un contadino con la sua mucca chiede un passaggio a un automobilista. Vedendolo perplesso, gli dice: – Non si preoccupi per la mucca, lei ci segue a piedi!
A un certo punto, il guidatore avverte il contadino: – La sua mucca deve essere molto stanca, ha tirato fuori la lingua...
– Da che parte?
– A sinistra.
E il contadino: – Allora si sposti. *Ha messo la freccia per sorpassare...*

QUANTI ANIMALI...

La maestra domanda al piccolo Giorgio:
– Sai dirmi il nome di un animale che vive nell'America del Sud?
– Il lama! – risponde prontamente il bambino.
– E un altro animale che vive lì?
– *Un altro lama!*

IL MILLEPIEDI A CENA

In un ristorante, una coccinella attende impaziente l'amico millepiedi. Dopo più di mezz'ora, finalmente l'altro arriva ed esclama: – Scusami, ma sulla porta c'è scritto '*Pulirsi i piedi prima di entrare*'!

SCUSE POCO CREDIBILI

All'ingresso di un famoso locale nella giungla c'è una lunghissima fila di animali. Una pulce dispettosa salta sulla schiena di un elefante che le urla: – Ehi, tu! Non spingere!
E la piccola pulce: – Scusami, *non ti avevo visto*...

QUAL È LA DIFFERENZA?

– Sai qual è la differenza tra un elefante e una formica?
– No!
– Allora... corri a comprarti *un paio d'occhiali*!

AL MANEGGIO

– Il mio cavallo è così intelligente che quando grido ‘op-op’ lui salta l’ostacolo!
– Beh, il mio è così intelligente che quando grido ‘ip-ip’ *risponde ‘urrà’*!

IL VELOCISTA

Qual è l’animale più veloce del mondo?
Il pidocchio, perché sta sempre... *in testa*!

PULCE E GIAGUARO

Secondo te, qual è l’animale più veloce?
Il giaguaro.
E la pulce più veloce?
Quella... *attaccata al pelo del giaguaro*!

CAPRE AFFAMATE

Due capre affamate vagano nel deserto. A un tratto, scorgono la pellicola di un film in mezzo alla sabbia.

La prima capra urla: – Guarda! Finalmente qualcosa da mangiare!

E così dicendo divora tutta la pellicola in pochi secondi.

L'altra capra guarda stupita la compagna ed esclama: – Allora, com'è?

E la prima: – Mah, ti dirò... era molto meglio *il libro*!

INFLUENZA IN ARRIVO

Una gallina dice a un'amica: – Oggi non mi sento molto bene. Forse sto *covando* qualcosa...

CAROTE... IN VISTA!

– È vero che le carote fanno bene alla vista? – chiede una lumaca a un’amica.
– Certo! Hai mai visto conigli che portano *gli occhiali*?

È NATO

Una lumaca è andata a trovare una lontana parente.
– Sai la novità? – esclama appena arrivata. – Mi è nato un nipotino!
– Magnifico! Congratulazioni – dice l’altra. – Ma... che fai? Vai già via?
– Eh sì – ribatte l’altra, – voglio esserci, quando fa *l’esame di terza media*!

CANGURO INDISCIPLINATO

Una notte un canguro fugge dall'ospedale. Dopo averlo ripreso il direttore fa alzare la cancellata di due metri, ma il canguro scappa di nuovo. Dopo averlo preso un'altra volta, il direttore fa alzare nuovamente la cancellata, ma il canguro riesce ancora a uscire. Il suo vicino di letto commenta: – Caspita, fino a che altezza dovranno alzare la cancellata per impedirti di scappare?
– Ah, non basteranno cento metri, *se continuano a lasciare aperta la porta*!

DESIDERI...

Un pesce all'amata: – Esprimi un desiderio, ho visto cadere una stella... *marina*!

PERCHÉ?

Perché d'inverno i gatti preferiscono rimanere tutto il giorno in casa?
Perché fuori c'è un freddo... *cane*!

DOLORI

Chi sta più male di una giraffa con il torcicollo?
Un millepiedi con il mal di piedi!

INVITO

Che cosa dice un millepiedi a un altro millepiedi?
Ti va di fare due... *mila* passi?

TRA CANGURI

Un canguro dice a un amico: – Domani faccio un *salto* da te!

ANIMALI

SAI QUAL È IL COLMO...

... per un bassotto?
Guardare gli altri *dall'alto in basso*!

... per una tartaruga?
Innamorarsi di un *elmetto*!

... per una coccinella?
Entrare in farmacia e chiedere una pomata *per i punti neri*!

... per un uccello?
Soffrire di *vertigini*!

... per un cane?
Incontrare un *osso duro*!

... per un serpente?
Sentirsi *a terra*!

... per una giraffa?
Essere nei *guai fino al collo*!

... per un pidocchio?
Avere dei *grattacapi*!

... per una rana offesa?
Ingoiare il *rospo*!

... per un canguro?
Avere smarrito la borsa *della spesa*!

... per un cane impaurito?
Sgattaiolare via!

... per un picchio?
Non sopportare i *battibecchi*!

... per una foca?
Essere chiamata... *focaccia*!

... per un piccolo elefante?
Avere gli *orecchioni*!

BAR ARTICO

Un pinguino entra in un bar del Polo Nord e lascia aperta la porta.
Un orso grida: – Ehi! Chiudi la porta! Fuori fa un gran freddo!
E il pinguino: – Credi che se io chiudessi la porta, *fuori farebbe meno freddo*?!

QUESTIONE DI ABITUDINE...

Luca trova una puzzola e, tutto felice, se la porta subito a casa.
Entrando, annuncia: – Mamma, ho trovato una puzzola, la terrò in camera mia!
La mamma: – E la puzza?
Luca: – Ah, vedrai che *si abituerà*!

'MONETE' ANIMALI

– Papà – domanda Gigi, – è vero che un tempo non c'era il denaro e al suo posto si usavano mucche, pecore e altri animali come merce di scambio?
– Sì, verissimo... – risponde il padre.
– Ma come facevano a mettere degli animali così grossi *nei portafogli*?!

LA CICOGNA

Una cicogna si aggira stanchissima per i cieli di Milano.
Nel suo fagottino un vecchietto raggrinzito e arrabbiato esclama: – Ma dai, cicogna, che te l'ho già detto un sacco di volte! *Abbiamo sbagliato strada*...

IN DISCOTECA

Che cosa dice una mucca deejay alla sua prima serata di lavoro?
E adesso... *muuuuuuuuusica*!

CAMPO DI FRAGOLE

– Perché gli elefanti si dipingono le unghie di rosso?
– Per *mimetizzarsi* meglio in un campo di fragole.
– E come mai non ho mai visto un elefante in un campo di fragole?
– Perché il trucco *funziona*!

API SULLA LUNA

Che cosa fanno due api sulla Luna?
La... *luna di miele*!

PIDOCCHIO

Che cosa fa un pidocchio sulla testa di un tizio appena uscito dalla doccia?
Urla: – Aiutooooo! *Scivoloooooo*!

IL FORMICHIERE

– Allora, signor Formichiere, che cos'è che non va?
– Vede, dottore, dopo i pasti avverto un leggero *formicolio* allo stomaco...

MOSCERINO E MAIALE

Che differenza c'è tra un moscerino e un maiale?
Provate a immaginare un maiale spiaccicato *sul parabrezza*!

LAVORI ALLO ZOO

Un giovane in cerca di lavoro viene assunto allo zoo: dovrà indossare una maschera e fingere di essere il gorilla.
Il ragazzo fa bene il suo lavoro: quando i turisti arrivano salta come un gorilla, si gratta la testa come un gorilla, fa strani rumori con la bocca come un gorilla.
Ma un brutto giorno scivola e finisce nella gabbia del leone.
Subito si mette a urlare chiedendo aiuto. Ma il leone gli si avvicina, gli mette una zampa sulla spalla e gli mormora: – *Zitto, o perdiamo il lavoro tutti e due!*

SCALINI

Come si fa a salire una scala a chiocciola?
A passo di... *lumaca*!

DUE SQUALI

Due amici pescecani si rincontrano dopo molti anni. Il primo dice all'altro: – Ehi, siamo ancora tali e s*quali*!

IN VACANZA A...

Qual è il colmo per una zanzara?
Andare in vacanza... *a Mosca*!

ANTIPULCI

Un cane entra in una farmacia e chiede: – Buongiorno! Vorrei un collare *antipulci* nuovo... *di zecca*!

PULCINI?

Che cosa hanno in comune una gallina e una pulce?
Entrambe hanno come figlio un... *pulcino*!

LITIGI

Un lombrico insulta un altro: – Sei proprio un *verme*!!!

IL PAPPAGALLO PROFESSORE

Un signore entra in un negozio di animali per comprare un pappagallo. Il negoziante lo avverte che ne ha solo tre, molto costosi. Il primo costa 100 euro ed è in grado di programmare un computer.
Il secondo costa 500 euro ed è in grado anche di progettare un computer.
Il terzo costa 1.000 euro.
Il cliente incuriosito chiede: – E questo che cos'ha di speciale?
E il negoziante: – Non lo so, ma gli altri due lo chiamano *professore*!

ALTEZZA

La giraffa, a bagno nel fiume con solo la testa fuori dall'acqua, dice alla gazzella che la osserva dalla riva: – Vieni pure... *qui si tocca*!

BISCOTTI... IN TASCA!

Mamma canguro è al parco con un'altra mamma canguro, mentre i loro cangurini giocano sulle altalene.

– Sono davvero carini, non è vero? – dice la prima.

– Carini sono carini – interviene la seconda. – Se solo il mio non avesse la passione dei biscotti!

– Beh, che problema c'è?

– Che mi riempie sempre il marsupio *di briciole*!

SE IL SUO CANE...

Un signore è molto affezionato al suo cagnolino e non se ne vuole separare a nessun costo, nemmeno durante le vacanze. Ma, poiché non è facile trovare alberghi che ospitino i cani, scrive una mail molto gentile a un albergo dove intende soggiornare.

'Il mio cane è molto educato e normalmente si comporta molto bene. Potrei tenerlo in camera con me?'.

Qualche giorno dopo riceve la risposta dell'albergo.

'In quarant'anni di attività' scrive il proprietario, 'non ho mai visto un cane rubare posaceneri o asciugamani; non sono mai stato insultato da un cane; non ho mai visto un cane scappare dall'hotel senza pagare il conto. Certo che il vostro cane può soggiornare in albergo: se poi garantisce anche per voi, *potrete avere la stessa stanza...*'.

AL CINEMA

Un signore, accompagnato dal suo cane, entra in un cinema dove proiettano una commedia tratta da un famoso bestseller. Il cane ride fragorosamente a ogni battuta del film, esattamente come il padrone. Alla fine del film, mentre il pubblico sta uscendo, un signore esclama: – Ma lo sa che è incredibile? Il suo cane rideva proprio a ogni battuta!
Il proprietario del cane risponde: – Sì, davvero incredibile. Il libro *non gli era piaciuto per niente*...

NEL MARE

Un'ostrica nervosa esclama: – Oggi ho proprio i nervi... a fior di *perle*!

GALLINE

È possibile per una gallina fare un uovo duro?
Certo... se lavora *sodo*!

LA POLVERE ANTI-ELEFANTI

Una mattina d'estate a San Francisco. Un camioncino rosso sale lentamente lungo una strada molto ripida, spargendo sull'asfalto una polverina gialla.
Un vigile lo ferma: – Scusi, che cosa sta facendo?
– Sto spargendo la polvere anti-elefanti!
– Ma lo sanno tutti che non ci sono elefanti a San Francisco!
– Infatti: vede *che funziona*?

NELLA GABBIA DEI LEONI

Un tale racconta a un amico: – In famiglia siamo tutti coraggiosi. Mio nonno è entrato da solo nella gabbia dei leoni...
– Però! Chissà che trionfo quando è uscito dalla gabbia!
– *E chi ha detto che è uscito?*

SOLO UN PASSAGGIO

Un vigile ferma un'auto.
Alla guida c'è un cane.
A fianco del cane, un uomo.
Il vigile esclama severamente: – Ah, lei fa guidare il cane?
L'uomo: – A dire il vero, *io ho solo chiesto un passaggio*!

PIOGGIA E PECORE

Un gregge di pecore sta brucando in un prato, quando inizia a piovere.
Il pastore grida al figlio: – Portale al riparo, *che con l'acqua la lana si restringe*!

LA GALLINA DALLE UOVA D'ORO

Un contadino incontra un altro contadino: – Ciao Peppo, come va?
– Ah, sapessi, ho trovato una gallina che fa le uova d'oro...
– Orpo, che bello! Chissà come sei contento, Peppo!
– Ma va', *non riesco più a fare una frittata decente...*

IL GALLO ALLA GALLINA

Che cosa dice un gallo innamorato alla sua gallinella adorata?
Non ti lascerò... *mais*!

MAIALI PARLANTI

Un contadino ha due maiali parlanti.
Li accompagna a un telequiz.
I due maiali disinvolti si rivolgono al presentatore e chiedono: – Ha delle domande da *porci*?

MEZZI DI TRASPORTO

All'uscita dal cinema due pulci si guardano in giro.
– Adiamo a casa a piedi o prendiamo un *cane*?

TRA POLPI

– Allora, ti sei finalmente dichiarato alla tua innamorata?
– No, sono timido, lo sai...
– Dai, sforzati!
– OK, proverò. *Tentacolar* non nuoce!

QUANTE API!

Qual è l'insetto più prezioso?
L'ape... pita!

E quello più morbido?
L'ape... lle!

E il più festaiolo?
L'ape... ritivo!

E il più pigro?
L'ape... nnicchella!

CHE PREZZI!

Un ippopotamo entra in un bar e chiede una spremuta. Il barista gliela serve, poi gli presenta il conto: 8 euro.
Intanto dice, perplesso: – Ma lo sa che è la prima volta che vedo un ippopotamo nel mio bar?
– *Con questi prezzi non mi stupisco proprio!* – ribatte l'ippopotamo.

BOLLICINE

Che cosa fa un pesciolino rosso nell'acqua minerale?
L'*idromassaggio*!

IL PORCOSPINO

Volete sapere che differenza c'è tra una poltrona e un porcospino?
Provate a sedervi sul porcospino e lo capirete subito!

SAI QUAL È IL COLMO...

... per una trota?
Fare gli occhi da *triglia*!

... per un gatto intellettuale?
Dare la caccia solo a topi di *biblioteca*!

... per un'anatra?
Avere la pelle *d'oca*!

... per un canguro?
Saltare i *pasti*!

... per un pesce?
Perdersi *in un bicchier d'acqua*!

... per un'ape maschio?
Non poter entrare in casa perché l'ape sua moglie ha dato la *cera*!

... per una balena?
Fare tutto in un *baleno*!

... per una mucca?
Avere il raffreddore *da fieno*!

... per una giraffa?
Avere sempre la testa *tra le nuvole*!

... per un pavone?
Doversi fermare a *cambiare la ruota*!

... per un serpente?
Non stare più nella pelle per la gioia!

... per una lucciola?
Avere troppi *grilli per la testa*!

... per una gallina?
Avere tante *penne* e non saper *scrivere*!

... per un grillo?
Spegnere le lucciole *prima di andare a dormire*!

... E I PESCIOLINI!

Un tipo va all'Ufficio delle Tasse e si mette a singhiozzare: – Abbia pietà di me, ho dieci bocche da sfamare!
Il funzionario delle tasse borbotta:
– Uhmmm, a me risulta che lei abbia solo moglie e un figlio...
– Ma sì, moglie... un figlio... *un cane... due gatti... un criceto... e quattro pesciolini rossi*!!!

DOV'È IL PAPPAGALLO?

La mamma dice a Pierino: – Il pappagallo non è nella sua gabbia, come mai?
Pierino: – Ah, non so, mamma, ma cinque minuti fa mi sono accorto che il gatto *parlava*...

MOLTO RUMORE... PER UN ANIMALE!

Che cosa è bianco e nero... e mooolto rumoroso?
Una zebra *col tamburo*!

PROVERBIO

C'era una volta un Bruco, che si innamorò di una bruca molto bella di nome Cham.
Un giorno il Bruco le disse: – Ti va di venire al cinema con me?
La bruca Cham gli disse di sì.
Il giorno dopo il Bruco la invitò ancora, ma la bruca Cham disse no.
Il Bruco glielo chiese ancora il giorno dopo, ma niente...
PROVERBIO: non tutte le *Cham belle* riescono col *Bruco*!

IL PESCIOLINO SFACCIATO

Un pescatore poco esperto va a pescare in riva a un fiume.
Prende la canna, attacca la lenza, mette un verme sull'amo e lo lancia nell'acqua.
Il pesciolino mangia il verme e scappa.
Il pescatore rimette il verme sull'amo.
Il pesciolino mangia il verme e scappa.
Il pescatore rimette il verme sull'amo.
Il pesciolino mangia il verme e scappa.
Il pescatore rimette il verme sull'amo.
Il pesciolino mangia il verme e scappa.
Il pescatore rimette il verme sull'amo.
Il pesciolino mangia il verme e scappa.
Il pescatore rimette il verme sull'amo.
Il pesciolino mangia il verme e scappa.
Il pescatore non ha più vermi.
Allora attacca all'amo il panino che si era portato per colazione.
Il pesciolino mangia anche il panino e scappa.

Il pescatore attacca all'amo la fetta di torta che si era portato per merenda.
Il pesciolino mangia anche la fetta di torta e scappa.
Il pescatore non ha più niente da attaccare all'amo.
Si fruga in tasca disperato, poi trova una caramella al caffè, la prende e l'attacca all'amo.
Il pesciolino mangia anche la caramella e scappa.
Il pescatore è allibito.
Con un sospiro smonta la canna e si prepara ad andarsene via...
Il pesciolino si affaccia dall'acqua, sogghigna e chiede sfacciato: – Ehi, non ce l'hai *un digestivo*?

NELLA GIUNGLA

Che cosa fanno gli elefanti nella giungla tra le due e le tre?
Lezioni di paracadutismo!
E come mai i coccodrilli sono piatti?
Perché *passeggiano nella giungla tra le due e le tre*!

SOTTO LA PANCA...

Due capre passano vicino a una panca. La capra più anziana dice a quella giovane: – Occhio, dai retta a me, non metterti mai sotto una panca!
– Perché?
– Perché *pare che porti malissimo*!

DIALOGO ASSURDO!

Un pescatore sta pescando in mezzo al mare. A un certo punto esclama: – Che sole... mai sentito un sole così caldo!
Un gabbiano che passa di lì borbotta:
– Già, che caldo!
Un delfino mormora: – Non ho mai sentito un gabbiano parlare...
La canna da pesca strilla: – Neanch'io! Incredibile!

UN POLPO... SPIRITOSO!

Un polpo vede passare una femmina dai lunghi affascinanti tentacoli ed esclama, per fare lo spiritoso: – Ehi, tu, bella... *polpetta*!

GIOCHIAMO A SCACCHI?

Ciccio va a casa di Gigio e lo trova che sta giocando a scacchi con il suo pesciolino rosso.
– Incredibile! Ho visto che il tuo pesciolino sa giocare a scacchi!
Gigio: – Incredibile, dici? Ma se ha vinto *solo una partita su dieci*...

FAI IN FRETTA, EH!

L'ape regina chiama un'ape operaia:
– Va' a comprarmi del miele. Ma fai in fretta, eh!
L'ape operaia: – Volo!
– Uff! Ma che volare e volare, prendi *la Vespa*!

OLIVE CON LE ZAMPE

In un bar sporco, anzi sporchissimo, un cliente dice a un altro: – Ehm, le olive nere hanno le zampe?
L'altro: – No, non le hanno!
Lui, rassegnato: – Allora ho appena mangiato *uno scarafaggio*!

RAGNO GOLOSO

Al ristorante un cliente chiama il cameriere per protestare.
– Cameriere, venga qui a vedere! C'è una mosca nella mia minestra!
Il cameriere, impassibile: – Non si preoccupi, signore! Se la mangerà il ragno... *che c'è nella sua insalata*!

SILENZIO IN SALA!

Un cane va al cinema. Si presenta alla biglietteria e dice disinvolto: – Vorrei un biglietto, per favore.
La bigliettaia strilla: – Aaaaaaaaaaah! Un cane che parla!
– Signora, giuro che *dentro starò zitto*!

UN CANE EDUCATO

Un tipo racconta a un amico: – Avevo un cane ferocissimo. Così l'ho mandato per un mese in un istituto di rieducazione.
– E gli è servito?
– Oh, eccome se gli è servito. Adesso, prima di mordere qualcuno... *si mette il tovagliolo*!

SIGNORE DI GRAN CLASSE

Sono le cinque del pomeriggio.
In India, sulla veranda di una grande e antica villa coloniale, tre signore inglesi di gran classe stanno prendendo il tè.
Improvvisamente un gorilla sbuca dalla giungla, afferra una delle tre signore e poi fugge via in un attimo.
Una delle due signore rimaste finisce di sorseggiare il tè, solleva il sopracciglio destro e mormora, impassibile: – *Chissà che cosa ci ha trovato, in lei!*

CONTARE

Come contano i vitellini?
Uno, *bue*, tre...

PESCI A SCUOLA

Dove vanno a studiare i pesci?
Sui banchi di... *sabbia*!

DUBBI STRISCIANTI

Un serpente domanda a un altro serpente: – Sai se noi siamo velenosi?
– Perché me lo chiedi?
– Perché mi sono appena... *morsicato la lingua*!

DAL PARRUCCHIERE

Un istrice va dal parrucchiere.
– Come la pettino oggi, signore? – chiede il parrucchiere.
L'istrice: – Per cortesia, oggi mi pettini... *riccio*!

BARZELLETTE DA BRIVIDO!

– Non può che essere il tesoro
del famoso pirata *Burlòn*!

UN INCUBO SPAVENTOSO

La signora Babbeotto si sveglia di colpo nel pieno della notte.

– Caro – dice, scuotendo il marito per svegliare anche lui, – ho sognato che il Mostro Succhialatte era entrato in casa nostra e aveva bevuto tutto il latte!

– Chissà che spavento, povera cara – commenta il marito in tono molto comprensivo. – Ora però rimettiamoci a dormire, eh?

– Eh, già, tu la fai facile... – brontola la signora Babbeotto, incrociando le braccia un po' indispettita. – Ma domattina *che cosa beviamo a colazione*?

IN TRANSILVANIA

In Transilvania, la terra dei vampiri, il conte Dracula chiacchiera con il vampiro Nosferatu.

– Sai – gli dice, – ho appena aperto un conto corrente.

– Ah, sì? – domanda l'altro, incuriosito dalla notizia. – E dove?

E Dracula: – Alla *banca del sangue*!

DUBBI DA FANTASMI

Due fantasmi stanno trascinando le loro catene per i corridoi di un antico castello. A un certo punto uno chiede all'altro:

– Ma tu ci credi *all'esistenza degli esseri umani*?

UN FILM DA PAURA!

Martina, il suo fratellino e la sua amica Giorgia vanno al cinema a vedere ‘Lo spaventoso risveglio della mummia’.
– Martina, perché hai insistito tanto per far venire anche lui, che il film l’ha già visto? – chiede Giorgia.
– Perché così potrà dirci *quando dovremo chiudere gli occhi*!

ANTICO EGITTO

Il maestro a Luigina: – Come si chiamano gli abitanti dell’antico Egitto?
– *Mummie!*

VITA DA MOSTRO

Che cosa fa un mostro alle otto di sera? Esce per andare a vedere la sua... *mostra* preferita!

TRA FANTASMI

– Che cosa ne dici, hai voglia di accompagnarmi al cimitero?
– Certo, *muoio* dalla voglia di andarci!

IL RITORNO DEL VAMPIRO

È notte. Una cupa notte di luna piena. Avvolto dall'oscurità, un vampiro bussa alla porticina dell'obitorio...
Ha due cadaveri in spalla.
Urla: – Aprite! Sono un vampiro! Sono venuto a riportare *i vuoti*!

SAI QUAL È IL COLMO...

... per due ciclopi?
Parlarsi a *quattr'occhi*!

... per l'uomo invisibile?
Mettersi troppo *in vista*!

... per un drago?
Avere la gola *infiammata*!

... per una fata?
Avere il colpo *della strega*!

... per un boia?
Ammazzare *il tempo*!

... per due scheletri?
Essere amici *per la pelle*!

... per un fantasma?
Girare con una coperta, invece che con un lenzuolo, *perché fa troppo freddo*!

... per un marziano?
Avere l'ernia *al disco*!

... per uno gnomo?
Fare passi *da gigante*!

... per un vampiro che ama i cani?
Portare a spasso *un canino*!

... per un cimitero?
Essere chiuso *per lutto*!

... per un lupo mannaro?
Dover andare dall'estetista per un problema *di peli superflui*!

IL FANTASMA FORMAGGINO

Tre turisti (un tedesco, un francese, un italiano) vanno a visitare un antico castello, quando all'improvviso sentono un rumore e chiedono: – Chi è?
Si sente uno scricchiolìo: – Sono il fantasma Formagginoooooooo...
Il tedesco scappa.
Si sente un rumore di catene: – Sono il fantasma Formagginoooooooooooooo...
Il francese scappa.
Si sente un ululato: – Sono il fantasma Formagginoooooooooooooooo...
L'italiano grida: – Ah, sei il fantasma Formaggino? Allora vieni qui, *che ti spalmo sul panino*!

AUGURI!

Che cosa disse la mamma a Cappuccetto Rosso prima che andasse nel bosco?
In bocca al lupo!

PIRATI

Su un galeone pirata, un prigioniero viene messo in catene. Il carceriere gli porta una ciotola di zuppa.
Il prigioniero la guarda, poi grida disgustato: – Ma c'è un topo nella zuppa!
Un compagno di cella gli sussurra:
– Ssshhhhh, zitto, quella è *la razione giornaliera di carne*!

PAURA LUNGO I BINARI

– Lo sai perché un treno fischia entrando in galleria?
– Per avvisare i passeggeri?
– Macché! Per *vincere la paura* che l'assale al momento di entrare in quel tunnel buio e stretto!

TEMPISMO... PERFETTO!

Uno scheletro bussa alla porta di uno studio medico. Il medico apre, osserva lentamente il paziente dalla testa ai piedi e lo rimprovera: – *Ma non poteva venire prima?*

BUONANOTTE E SOGNI D'ORO!

È ormai ora di andare a dormire.
Babbo lupo, seduto sul lettino del suo lupacchiotto, gli dice: – Vuoi che ti legga la favoletta di 'Cappuccetto Rosso'?
– No, grazie, papà. *Le storie dell'orrore* mi fanno venire gli incubi.

SULLA NAVE PIRATA

Un pirata chiede a uno dei suoi compagni: – Ma che gli prende oggi al capitano? È da stamane che continua a sbattere il naso contro l'albero maestro e qualsiasi altro ostacolo che trova a bordo!
– Quando si è alzato, ancora mezzo assonnato, si è *messo la benda sull'occhio buono*!

BRIVIDI... DA OCHE

Due oche.
– Chc sogno orribile ho fatto questa notte! Ho sognato di dormire su un cuscino soffice e leggero...
– E lo chiami sogno orribile?
– Beh, *le piume del cuscino erano le mie...*

INCUBI AL RISVEGLIO

Nel cuore della notte il piccolo Mattia si sveglia spaventato.
– Mamma, mamma! – singhiozza. – Ho fatto un brutto sogno, sono corso nel tuo letto e non c'eri! Ho guardato verso il posto del papà, ma non c'era! Sono tornato nel mio letto, *ma non c'ero nemmeno io*!

INCUBI NOTTURNI...

Un topino si sveglia nel sonno a causa di un incubo e chiama, urlando, la mamma. In poco tempo arriva papà.
– Ma io avevo chiamato la mamma!
– Lo so – ribatte il papà, – *chi credi che mi abbia svegliato*?

BRIVIDI... DI FREDDO!

Conversazione tra due anziani roditori.
– Dunque, stavi dicendo di aver avuto i brividi questa notte...
– Sì.
– Ma ti battevano i denti?
– No! Quelli li avevo *sul comodino*!

FASCINO AMBIGUO

Una ragazza si confida con l'amica: – Sai, ho un nuovo professore di musica. Ha il fascino di Frank Sinatra e l'intelligenza di Einstein.
– Caspita! E come si chiama?
– *Frankenstein*...

NATURA HORROR

Due alberi grandi e pieni di foglie stanno parlando tra di loro. A un tratto uno dei due si gira e vede che dietro c'è un albero completamente spoglio.
Terrorizzato grida: – Aaaaaaaaah! *Uno scheletro*!

SCHELETRO CONTRO DRAGO

Uno scheletro e un fantasma devono affrontare un drago.
Il fantasma è preoccupato: – Non ce la faremo mai...
Ma lo scheletro: – Non temere, ho un... *osso* nella manica!

IL MISTERO DELLA MUMMIA

Un archeologo trova una mummia in una piccola piramide.
La mostra al direttore di un museo, dicendo: – Le porto una mummia di tremila anni fa, di un uomo con i denti malconci, morto di infarto cardiaco.
– Come fa a esserne sicuro? – chiede l'altro, perplesso. – Comunque ora faremo le nostre analisi e le saprò dire...
Un mese più tardi, il direttore chiama l'archeologo, entusiasta.
– Complimenti! La mummia ha davvero tremila anni e i denti malconci! Grazie a tutti i nostri esami modernissimi e ipertecnologici abbiamo accertato anche che l'uomo è morto d'infarto! Ma mi dica... lei come faceva a saperlo?
L'altro sogghigna: – L'ho capito subito: *in una mano stringeva ancora il conto del dentista...*

BRIVIDO

TERRAAAAAAAAA!

Sul veliero del pirata Barbanera.
È notte. Una notte d'inverno.
Una notte buia e senza stelle.
Un mozzo di vedetta si addormenta in cima all'albero maestro.
Improvvisamente si sveglia. Si stiracchia. Spalanca gli occhi. Fissa l'orizzonte... E urla a squarciagola: – Terra! Terraaaa! Terraaaaaaaaaa! Terraaaaaaaaaaa! Capitano Barbanera! Terraaaaaa! Terraaaaa! Capitano! Capitano Barbaneraaaaaaaa! Capitano Barbaneraaaaaaaaaaaaaaaa!
Barbanera lo acchiappa per il collo, lo strapazza e urla: – Babbeo! *Non siamo ancora partiti*!

BARZELLETTE IN VIAGGIO!

– La strada? Non so... sono *straniero* anch'io!

GITA AL CASTELLO

Carlo e Gianni stanno visitando un antico castello assieme alla maestra e ai compagni di classe.
A un certo punto Gianni si ferma stupito a osservare una pesante armatura.
Dopo qualche minuto di sosta, Carlo gli chiede: – Ma che cosa c'è da guardare?
E Gianni, con aria assorta, risponde: – Niente, niente... mi stavo solo chiedendo come facevano a infilarla *in lavatrice*!

C'È VITA SU VENERE?

Un giornalista intervista un astronauta al ritorno da Venere: – C'è vita lassù?
– Oh, solo il *sabato sera*!

SA DIRMI DOVE SIAMO?

Un signore che sta viaggiando in treno si addormenta. Quando si sveglia, guarda fuori dal finestrino, poi si gira verso l'unica altra persona presente nello scompartimento e gli domanda: – Scusi, sa dirmi dove siamo?
E l'altro: – Ma certo: *in treno*!

IL PRIMO TRENO

Un signore con una valigetta in mano arriva trafelato sul marciapiede di un binario vuoto e chiede al capostazione: – È da molto tempo che è partito il primo treno per Milano?
– Eh, beh, direi di sì, signore: *dal 1880*!

SULL'AUTOBUS

– Quando riparte quest'autobus? È più di mezz'ora che siamo fermi! – protesta un passeggero.
– Il guidatore è una persona molto educata – risponde il vicino.
– E allora?
– Ha visto un'anziana signora in piedi e le ha ceduto *il posto*...

IN AEROPORTO

Tre amici davanti a un aereo.
– Chissà a che velocità va...
– Secondo me almeno a 300 chilometri all'ora!
– Secondo me arriverà a 600 all'ora!
– Esagerati! Di questo passo mi direte che *vola*!

NON PERDIAMO LA BUSSOLA!

Il maestro, durante una gita in collina, sta cercando di insegnare ai suoi ragazzi i punti cardinali.

– Allora, Antonio, davanti a te hai l'ovest, alla tua destra hai il nord e alla tua sinistra il sud. Che cos'hai alle spalle?

– *Lo zainetto*, signor maestro!

ABBONAMENTO... FUORI MODA!

In treno: – Signore, il suo abbonamento è dell'anno scorso!

E il passeggero, tranquillamente: – Ah beh, non si preoccupi, *non seguo la moda, io*!!!

SERVIZIO IN CAMERA

Un tizio sta leggendo il giornale nella sua camera d'albergo, la numero 2, quando sente bussare. Va ad aprire e sulla soglia c'è una cameriera che porta, allineate su un carrello, ventiquattro coppe di gelato.
– Ma io non ho ordinato niente del genere – protesta l'uomo.
– Oh! – esclama la cameriera. – *Allora era il cliente della 24 che ne voleva due*!

VACANZE ALTERNATIVE...

La cicala domanda al lombrico: – Come mai quest'anno hai deciso di andare in vacanza su un'isola deserta?
– Volevo fare il *verme solitario*...

INGRESSO VIETATO

– È vero che il macchinista è stato licenziato perché è entrato in biglietteria senza bussare? – chiede un controllore al bigliettaio.
– Sì, è vero!
– Accidenti, mi sembra una punizione un po' severa...
– Beh, il vero problema è che è entrato *con tutta la locomotiva*...

UNA STRANA DOMANDA

Un turista ferma l'auto su un sentiero di campagna e chiede a una persona del posto: – Scusi, dove va questa strada?
– Da nessuna parte. Da che mi ricordo, *non si è mai mossa da lì*!

CRAVATTE NEL DESERTO

Un turista si è perso nel deserto e vaga con una sete terribile da giorni.
Incontra un beduino e gli chiede dell'acqua, ma questi risponde: – Non ho acqua, ma se vuole vendo cravatte.
– No, grazie, volevo dell'acqua – e prosegue il suo cammino.
Poco dopo incontra un secondo beduino a cui chiede dell'acqua, ma anche questo risponde: – Non ho acqua, però vendo cravatte!
– Non voglio cravatte, ma acqua!!!
Finalmente arriva a un'oasi, sta per entrare ma un tizio lo ferma: – Mi dispiace molto, signore, ma da noi *è obbligatoria la cravatta*!

BEDUINI IN VACANZA

Un beduino torna dalle vacanze estive. Abituato al clima del deserto, dice con entusiasmo all'amico: – Ho fatto una vacanza favolosa: *non ha smesso di piovere un attimo*!

IN ECONOMIA

– Lei è il signore che ha insistito per avere un viaggio supereconomico?
– Esatto! Quando parto?
– Oh, giusto il tempo di *legarle le ali sulla giacca*!

SAI QUAL È IL COLMO...

... per un fotografo reporter?
Cercare un incendio *da mettere a fuoco*!

... per un turista in montagna?
Trovarsi in un *mare di guai*!

... per un'agenzia di viaggi?
Mandare *a quel paese* le persone!

... per un automobilista?
Spegnere il motore *soffiando* sulle candele!

... per un fotografo in vacanza al Polo Nord?
Mettere a fuoco il ghiacciaio!

... per un tappo?
Restare *imbottigliato nel traffico*!

.... per un motociclista pigro?
Continuare ad andare in *moto*!

... per un subacqueo?
Avere la testa *fra le nuvole*!

... per un marinaio?
Dormire *sotto coperta*!

... per un nostromo?
Essere in rotta con il capitano!

... per un esquimese?
Prendere decisioni *a caldo*!

... per un marinaio triste?
Salpare con *il morale a terra*!

ANNUNCIO IN STAZIONE

L'altoparlante della stazione ferroviaria annuncia con voce gracchiante:
– Il signore che ha preso il treno per Firenze delle 10.42 è gentilmente pregato di *riportarlo* subito al primo binario!

LA SOLUZIONE GIUSTA

Due pantegane si sono perse nel deserto. A un certo punto, una dice all'altra:
– Sai che per far passare la sete basterebbe mettere un sasso in bocca?
– È vero, ma qui c'è soltanto sabbia...
Dopo un po' una delle due riprende a parlare: – Se solo trovassimo un fiume!
– Cavoli, hai ragione: sul fondo dei fiumi ci sono sempre *tantissimi sassi*!

SEGNALI LUMINOSI

In barca di notte quattro amici vedono una luce avvicinarsi velocemente a loro. Pensando a un'altra imbarcazione in rotta di collisione, con il faro di segnalazione in linguaggio morse, intimano:
– Ci state venendo addosso, virate!
Immediata la risposta: – Virate voi!
Indispettiti rispondono: – No, voi!
Ma di nuovo: – No, dovete virare voi!
Alla fine, il capitano decide di prendere in mano la situazione: – Sono il comandante, se non virate dalla nostra rotta chiamo la guardia costiera!
E dall'altra parte: – Io sono Giuseppe, il guardiano del faro, e se non virate voi andate a sbattere *contro gli scogli*!

SULLA NAVE DA CROCIERA

Su una nave un prestigiatore intrattiene i passeggeri con spettacoli di magia e illusionismo. Ma il suo assistente, un pappagallo chiacchierone, gli rovina ogni volta tutti i trucchi.

– Il coniglio era sotto il tavolo!

– La carta era nascosta nella manica!

E così via.

Un brutto giorno la nave affonda.

Il pappagallo e il prestigiatore salgono su una scialuppa di salvataggio.

Dopo qualche ora il pappagallo, con aria sconsolata, esclama: – Okay, mi arrendo: *dove hai nascosto la nave*?

IN GITA... NELLO SPAZIO!

Atterrati su un pianeta, due astronauti escono in ricognizione. Improvvisamente vedono avvicinarsi uno in bicicletta.
– Che cosa ci fa lei su Plutone? – gli domandano.
E lui: – Accidenti! Devo aver sbagliato *strada*!

PER UN PELO...

La maestra chiede a un alunno: – Andrea, sai dirmi il nome di tre animali che hanno il pelo?
Andrea: – Il cane, il gatto e il treno...
– Ma, Andrea, perché il treno?
– Perché il mio papà dice sempre che lo prende *per un pelo*...

IL PRIMO VIAGGIO

Un signore al suo primo viaggio arriva in un lussuoso albergo a Parigi.
Il cameriere lo accompagna in camera e gli spiega: – Ecco, signore. La colazione viene servita dalle 6 alle 11; il pranzo dalle 12 alle 15; la cena dalle 18 alle 22.
– Ehm – commenta lui, – ma io quando lo trovo *il tempo di visitare la città*?

APPUNTAMENTO SULL'AUTOBUS

Un signore è in attesa alla fermata di un autobus, quando una donna gli chiede:
– Scusi, passa di qui il 20?
– No – risponde lui, un po' sorpreso. – *Il 20 ho già un altro impegno, però il 21 sono libero.*

SAPESSE L'ALTRO...

Un signore sale su un treno per compiere un viaggio che durerà tutta la notte. Siccome è stanchissimo, chiede a un controllore se per cortesia lo sveglia alla destinazione e lo fa scendere dal treno. Quando si sveglia però scopre che è tardissimo e che la sua destinazione è passata da un pezzo.
Chiama il controllore e gli fa una scenata. Il controllore ascolta con il capo chino, lo lascia finire, poi risponde: – Mi scusi ancora... comunque lei è proprio un signore: sapesse le parolacce che mi ha detto quello che ho costretto a scendere *al posto suo*!

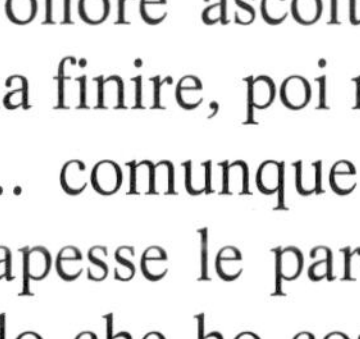

DIPENDE...

Un signore entra trafelato in stazione.
– Scusi – chiede al ferroviere, – riesco a prendere il treno per Torino?
– Dipende... – risponde il capostazione.
– Da che cosa?
– Da quanto corre veloce. Vede, il treno per Torino *è partito cinque minuti fa*...

LA PIANTINA

Due pantegane si sono perse in una città che non conoscono.
– Aspettami qui! – dice una delle due.
Qualche istante dopo torna, sorridente.
– Che cosa ci fai con quei fiori? – le chiede l'altra pantegana, meravigliata.
– Visto che non siamo pratiche del posto mi sono procurata una *piantina*!

UN'AVVENTURA INCREDIBILE!

Un esploratore sbruffone racconta: – Ero in mezzo al deserto, sabbia e dune a perdita d'occhio, quando mi accorgo di essere inseguito da un serpente a sonagli. Io tento di sfuggirgli, ma è velocissimo...

– E tu che cosa hai fatto allora?

– Beh, mi sono subito arrampicato su un albero...

– Ma nel deserto non ci sono alberi!

– E ti pare che in un momento come quello ho avuto *il tempo di pensarci*?!

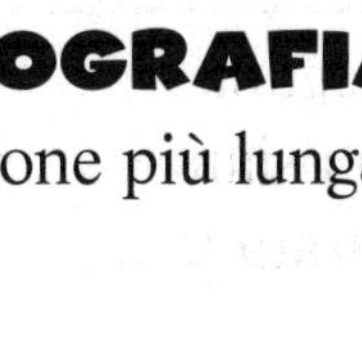

GEOGRAFIA...

Qual è la nazione più lunga d'Europa?

Lungheria!

SCUSI, UN'INFORMAZIONE

Un tale telefona all'ufficio informazioni dell'aeroporto.
– Scusi, un'informazione: quanto dura il volo Bologna-Roma?
La centralinista: – *Un attimo...*
– Caspita, non pensavo fosse *così veloce*, grazie!

IN TAXI

Un passeggero scende dal treno. Va al posteggio dei taxi e chiede a un tassista:
– Quanto costa trasportare una valigia?
– Un euro!
Lui: – Allora, mi porti la valigia alla Pensione Mariuccia: *io prendo il metrò*!

ANNUNCI IN VOLO

Durante un volo di linea il pilota parla ai passeggeri: – Signore e signori, abbiamo appena raggiunto l'altezza stabilita. Potete slacciare le cinture di sicurezza e muovervi liberamente, però per favore rimanete *dentro l'aereo*.

CHE PAESE È?

Un signore allo sportello ferroviario:
– Vorrei un biglietto per Antenore.
– Antenore... Antenore... ma dove si trova questo paese?
– Ma quale paese! È *mio figlio* seduto laggiù, su quella panca!

IL PRECIPIZIO

Due amici procedono su un sentiero di montagna, quando all'improvviso uno dei due cade in un dirupo.
– Mario, ti sei fatto male? – gli grida subito preoccupato il compagno.
– *Ancora nooooo...* – gli risponde l'altro.

SPEDIZIONE SCIENTIFICA

Il circolo culturale delle pantegane babbee decide di organizzare una grande spedizione scientifica e convoca i giornalisti per annunciarla: – Andremo sul Sole!
E un giornalista: – E come farete con il calore?
– Semplice, andremo di *notte*...

PILOTA... QUASI ESPERTO

Un pilota durante un viaggio aereo: – Signore e signori, buongiorno, è il vostro capitano che vi parla. Dovrete essere un po' pazienti con me: questo *tubo volante* è molto diverso dalle *navi* che sono abituato a comandare...

SKILIFT

In una stazione sciistica, un tipo molto, molto, mooolto avaro viene portato in barella all'ospedale, svenuto.
Un infermiere chiede: – È caduto su una pista da sci?
– No, è svenuto di colpo quando ha sentito *il prezzo dell'abbonamento per lo skilift*!

COM'È IMPAZIENTE!

Alla stazione, un viaggiatore che ha molta fretta si rivolge spazientito al capostazione: – Ma quando arriva il treno per Milano?
Il capostazione: – Tra venti minuti.
Il viaggiatore: – Uffa, ma io ho fretta!
Il capostazione: – Eeeeeh, com'è impaziente! Se ha tanta fretta, beh, allora *gli vada incontro*!

PROGRESSI

Durante una manovra in stazione, una locomotiva a vapore incontra una locomotiva elettrica e le chiede: – Hai *smesso di fumare*?

PIANOFORTE IN PARTENZA

Il signore e la signora Rossi partono per una vacanza. Quando arrivano all'aeroporto, il signor Rossi si batte una mano sulla fronte e strilla: – Ooooh, accipicchia, vorrei aver portato il pianoforte!
– Ma perché? – chiede la signora Rossi.
– Ehm, perché... ecco, *ci ho lasciato sopra i biglietti*!

PRIMA CLASSE

Un tipo sta viaggiando in prima classe con il biglietto di seconda.
Il controllore se ne accorge e gli chiede, severo: – E lei, come si trova qui?
L'altro, sfacciato: – *Niente male*, grazie!

SALUTI DA VERONA

Il signor Babbeotto incontra un amico e gli dice: – Sai, l'altro giorno ero a Verona e ho incontrato Giulio. Ti manda un saluto. Ti manda un saluto. Ti manda un saluto. Ti manda un saluto. Ti manda un saluto. Ti manda un saluto. Ti manda un saluto. Ti manda un saluto. Ti...
– Ehi! – lo interrompe l'amico. – Perché continui a ripeterlo?
– Mi ha chiesto di farti *tanti saluti*!

DIFFERENZE...

Che differenza c'è tra un'auto e una moto?
L'auto va in moto... invece, l*a moto non può andare in auto*!

SPIAGGIA... PRIVATA!

Un tipo molto, molto, mooolto avaro naufraga su un'isoletta deserta.
Stanco, si trascina sulla spiaggia...
Appena riprende le forze inchioda su un albero una foglia di banano, su cui scrive con un pezzo di carbone:

SPIAGGIA PRIVATA
INGRESSO 1 EURO!

PIOGGIA E NEVE

Un tale va in vacanza in estate in montagna, ma si innervosisce perché continua a piovere.
Sbuffa, rivolto all'albergatore: – Ma dico, qui piove sempre?
L'altro, imperturbabile: – Ah, no, signore, *in inverno nevica anche*!

IL COLMO PER UN NAUFRAGO

Qual è il colmo per un naufrago?
Essere naufragato in mezzo al mare... ma avere *il morale a terra*!

SEGNALI DI CIVILTÀ

Un esploratore attraversa tutto il deserto del Sahara. Sta per morire di sete quando intravede un'oasi.
Si avvicina pian piano, strisciando, con la lingua fuori... arriva vicino a una pozza d'acqua, ci immerge la testa.
Poi felice si rialza e urla: – Urrah! L'acqua sa di detersivo! Finalmente sono ritornato nella civiltà!

IN HOTEL

A Roma. A un cliente viene assegnata una stanza che si affaccia sulla rumorosissima Piazza Navona. La mattina dopo, il portiere gli domanda: – Signore, ha dormito bene?
Lui, sbuffando: – Nooo, non ho chiuso occhio tutta la notte!
Il portiere: – Ah, beh, ma allora è colpa sua! Per dormire, signore, bisogna chiuderli *tutti e due, gli occhi*!

ÀNCORA

Il comandante ordina: – È ora, gettate l'àncora!
Un mozzo babbeo: – Ma comandante... *è ancora nuova*!

LE VACANZE NON FINISCONO MAI!

È settembre. Un cliente si rifiuta di pagare il conto dell'albergo dove ha trascorso le vacanze.

– Non pago, non ci penso neanche!

L'albergatore: – Ah, non vuole pagare? Allora da qui non parte!

Il cliente: – Bene, bene, bene... mi dica: *che tempo fa qui, d'inverno*?

BARZELLETTE AL LAVORO!

– Per il posto da giornalista è davvero indispensabile *saper leggere*?

AL SUPERMERCATO

Che cosa fa una cassiera con due automobiline?
Uno... *scontrino*!

OPERAI AL LAVORO

Due operai stanno lavorando in un cantiere. A un certo punto uno dice all'altro:
– Questo martello pneumatico fa un rumore pazzesco!
L'altro: – Che cooosa?
L'operaio: – Ho detto che questo martello pneumatico fa un rumore pazzesco!
L'altro: – Che cooosa?
L'operaio, esasperato: – Questo martello pneumatico fa un rumore pazzesco!
L'altro urla: – Non ti sentooo! Questo martello pneumatico fa un rumore pazzesco!

ASSICURAZIONI

Un agente di assicurazioni tenta di convincere un cliente.
– È un affarone! Faccia questa assicurazione sugli infortuni! È utilissima! Per esempio, se lei cade da una finestra, la mia agenzia le rimborsa *gli occhiali*!

HO PERSO!

Rossi va in ospedale a trovare il suo capufficio, che è appena stato operato di appendicite.
– Uhm, Rossi, come mai è venuto lei?
Rossi, ingenuamente: – Ehm, signor direttore, sono venuto io perché... abbiamo tirato a sorte per decidere chi veniva... *e ho perso io*!

LAVORO

SAI QUAL È IL COLMO...

... per un musicista?
Essere *suonato*!

... per un fabbricante di scatole?
Romperle sempre...

... per una sarta?
Rimanere sempre allo stesso *punto*!

... per un pianista?
Farsi accompagnare al piano *dal ragazzo dell'ascensore*!

... per un veterinario?
Non avere un *cane* che lo vada a trovare!

... per un direttore d'orchestra?
Dirigere un coro *di proteste*!

... per un giardiniere?
Dilettarsi a suonare *la viola*!

... per un profumiere?
Andare a *Colonia*!

... per un musicista in prigione?
Studiare la fuga *senza un piano*!

... per un batterista?
Battere il tempo, ma non sapere *che ore sono*!

... per una sarta chiacchierona?
Cucirsi *la bocca*!

... per un suonatore di tromba?
Suonare *la tromba delle scale*!

... per un violoncellista?
Essere *giù di corda*!

AGENTE SEGRETO

Un agente segreto babbeo va dal dottore:
– Dottore dottore, ho mal di pancia!
Il dottore gli fa una radiografia.
– Uhmmm, la prossima volta che inghiotte un documento segretissimo, prima si ricordi di... *togliere le graffette*!

CURE GRATIS

Ciccio: – Io avrei voluto fare il medico!
Gigio: – Con quella faccia? Ma che medico, al massimo tu avresti potuto fare il veterinario!
Ciccio: – Ah, ti sarebbe piaciuto che avessi fatto il veterinario, eh? *Per farti curare gratis...*

LAVORO

VISITA DAL DENTISTA

Nello studio del dentista si sente un urlo: – Ahiaaaaaaaaaaaaaa!

Il dentista rimprovera il paziente: – Ma insomma, dico, la pianti di urlare, non le ho neanche sfiorato il dente!

Il paziente: – Sì, ma... *mi sta pestando un piede*!

IL SOCIO

Un dentista dice alla moglie: – Mi vanno molto male gli affari...

– Cooosa? Gli affari vanno male? E allora che cosa farai?

– Ho deciso di prendere un socio...

– Un altro dentista?

– No... *un fabbricante di torroni*!

SOTTO L'AUTO

Chi finisce tutti i giorni sotto le auto senza farsi male?
Il meccanico!

DENTIFRICIO... DA COMBATTIMENTO!

Una signora entra in farmacia con un dentifricio in mano.
Va dal farmacista e protesta indignata.
– Quando ho comprato questo dentifricio lei mi ha detto che combatteva la carie, e invece mi è venuta lo stesso!
Il farmacista: – Io le ho garantito che *combatteva* la carie... non che *vinceva*!

TROPPO TARDI!

Una signora va dal salumiere: – Guardi che ieri, quando mi ha dato il resto, si è sbagliato di venti euro!
Il salumiere borbotta: – Troppo tardi, signora, ormai è troppo tardi! Doveva dirmelo prima!
La signora sogghigna: – Ah, beh, se lo dice lei che è troppo tardi... *allora mi tengo i venti euro* e non se ne parla più!

AL BAR

– Mi scusi, cameriere, fate il latte macchiato?
– Sta scherzando? Questo è un bar *molto pulito*!

BILANCIA BUGIARDA

Una signora entra in farmacia con il marito e vede una bilancia di quelle speciali, supertecnologiche, che fanno anche l'oroscopo.

La signora sale sulla bilancia, che comincia a vibrare...

Zzzzz, gnik gnik, bgrzzzzz!

Poi da uno sportellino esce un foglietto.

Il marito prende il foglietto e legge ad alta voce: – La bilancia dice che sei affascinante, intelligente, razionale, sensibile, dolce, spiritosa...

Gira il foglietto e borbotta: – Uhmmm, *anche* il peso è sbagliato!!!

DAL DENTISTA

Dal dentista, un paziente nella sala d'attesa sbircia un altro paziente, che è molto pallido.

– Paura? – gli chiede comprensivo.

– Parecchia! – risponde il secondo.

– Ma è la prima volta? – riprende il primo.

– No, no... *ho avuto paura altre volte*!

SU MISURA!

Una signora va dalla sarta a provare un vestito. Le chiede: – Per quando sarà pronto?

La sarta: – Fra un mese!

La signora, maligna: – Se penso che il mondo fu fatto in sei giorni...

La sarta, pronta: – Sì, signora. Ma non *su misura*!

TRIBUNALE DELL'ASSURDO

Una *mela* dice al giudice: – Parlerò solo in presenza del mio *avocado*!!!

IN TRIBUNALE

Il giudice riconosce un ladro: – Ancora qui? Questa sarà l'ultima volta, spero!
– Signor giudice, vuol dire che sta per andare *in pensione*?

MI DIA UN CARTONCINO!

Un tipo entra in una cartoleria e chiede al cartolaio: – Mi dia un cartoncino!
– Spesso?
– No... *solo oggi*!

IL MACELLAIO DISTRATTO

Il macellaio è al lavoro, nel suo negozio. Entra il fidanzato della figlia.

– Buongiorno, sono qui per chiederle la mano di sua figlia!

Il macellaio, distratto: – Bene, bene... *con l'osso o senza*?

CHE TRAPPOLA!

Un tipo entra di corsa in un negozio di ferramenta.

– Presto, mi dia una trappola! Ma in fretta, che devo prendere il tram!

Il commesso scuote la testa: – Ah, no, signore, mi spiace, ma non abbiamo trappole così *grandi*!

SAI QUAL È IL COLMO...

... per un avvocato?
Accusare la stanchezza dopo un processo faticoso!

... per un muratore?
Stare attento al *cemento armato*!

... per due piloti?
Capirsi *al volo*!

... per un elettricista?
Sentirsi *isolato*!

... per una centralinista?
Dare *i numeri*!

... per un comico?
Prendere il lavoro *troppo sul serio*!

.... per un mimo?
Farsi assumere *alla radio*!

... per un fabbro?
Saldare la fattura *con la fiamma ossidrica*!

... per un barbiere?
Farla in barba a tutti!

... per un fioraio?
Leggere romanzi *all'acqua di rose*!

... per un postino?
Essere laureato *in lettere*!

... per un fachiro?
Stare sulle spine!

... per un pescatore appena sposato?
Andare in viaggio di... *cozze*!

LAVORO

LAVORI DISPERATI

Qual è il lavoratore più disperato?
Il barbiere: ha sempre... *le mani tra i capelli*!

INDOVINELLO

Se togli una, due, tre, persino quattro lettere rimane lo stesso! Che cos'è?
Il postino!

LAVORI ANTICHI

Che cosa disse il costruttore delle piramidi alla fine del lavoro?
– Ci siamo dimenticati *le finestre*!

LAVORO

INCONTRO DI PUGILATO

L'allenatore incita il suo pugile: – Buttalo giù, buttalo giù, buttalo giù!
Il pugile, stufo di combattere: – *Provaci tu, provaci tu, provaci tu!*

MEDICO E LADRO

Un ladro ha l'influenza.
Va dal medico, che prima di ordinargli una cura gli chiede: – Uhmmm, mi dica... che cosa prende di solito?
Lui: – Che cosa prendo di solito? Mah, *orologi, anelli, collane, braccialetti, orecchini...*

TUTTO PER LA... TELEVISIONE!

Due amici d'infanzia si incontrano dopo tanti anni.
– Ciao, come ti va?
– Benissimo! E a te come va? Lavori ancora per la televisione?
– Ah, certo. Ancora cinque rate e poi... *ho finito di pagarla*!!!

UNO ALLA VOLTA

Un tale va dallo psicologo: – Dottore, dottoreeeee! Ho un problema, sono convinto di essere... due persone!
Lo psicologo: – Per cortesia, può ripetere? E cercate di non parlare *tutti e due contemporaneamente*!

AL GIORNALE

– Direttore, direttore, ha telefonato un elefante con tre teste!
– Davvero?! E che cosa ha detto?!
– *Pronto! Pronto!! Pronto!!!*

IL GRAN PREMIO

Una signora va dallo psicologo.
– Dottore, dottore, dottoreee! Mio marito crede di essere un cavallo! Nitrisce, galoppa, vuole mangiare la biada...
Lo psicologo la rassicura: – Stia tranquilla, signora, me lo porti e glielo guarirò. Però costerà molto...
La signora: – Oh, per i soldi non c'è problema: ieri mio marito *ha vinto il Gran Premio di San Siro*!

NEL MONDO... DEL CINEMA!

Una ragazza dice a un'altra: – Ho deciso che cosa fare da grande: voglio entrare nel mondo del cinema!
L'amica, perfida: – Beh, *prova a comperare un biglietto*...

ALLA DOGANA

Una pantegana viene assunta come doganiere. Al suo primo controllo ferma un camion e chiede: – Che cosa trasporta?
– Cinquantamila bustine di figurine! – risponde il camionista.
– Bene! – esclama la pantegana. – *Le apra tutte*, per favore!

LAVORO

UNA CURA SEMPLICISSIMA

Un tizio va dal medico e gli dice: – Dottore, dottore, mi aiuti... il ginocchio mi fa male, quando lo tocco!
E il medico: – Beh, *smetta di toccarlo*!

CREME

La signora Babbeotto va a comprare qualche crema di bellezza.
La commessa della profumeria la consiglia: – Prenda anchc questa. È una novità: una crema per lavare il viso alle albicocche!
E la signora Babbeotto: – Ma le albicocche *non hanno il viso*!

CURA FAI DA TE

Quand'è che un veterinario si cura da solo?
Quando ha... *una febbre da cavallo*!

RISVEGLIO DIFFICILE

– Dopo le vacanze, è dura riprendere il ritmo del lavoro – dice un impiegato a un suo collega. – Oggi mi sono svegliato tardissimo, e soltanto correndo a tutta velocità sono riuscito ad arrivare in ufficio in orario.
L'altro ribatte, guardandolo storto: – Se domani riuscirai anche a *ricordarti di infilarti i pantaloni* prima di uscire di casa, sarai a posto.

AFFARI... ELASTICI!

Un tizio va a trovare un amico, proprietario di una ditta che produce tappeti elastici, e gli domanda come vanno gli affari.
– Oh, beh – risponde l'uomo, – ci sono *alti e bassi*!

CERTO CHE LO SO!

Un tipo entra in banca, si dirige verso la cassa e dice al cassiere: – Vorrei cambiare questa banconota da cento euro.
Il cassiere la guarda bene e dice: – Ma lo sa che è una banconota falsa?
Il tipo: – Certo che lo so! È proprio per questo che *voglio cambiarla*!

SAI QUAL È IL COLMO...

... per un insegnante di italiano?
Rimanere *senza parole*!

... per uno scrittore?
Portare all'ospedale *un libro perché gli si è rotto l'indice*!

... per un poeta?
Rispondere a qualcuno *per le rime*!

... per un postino?
Camminare *spedito*!

... per un tipografo?
Essere un uomo di *vecchio stampo*!

... per una sarta?
Perdere *il filo del discorso*!

... per un ortolano?
Dire *cavolate*!

... per un pagliaccio?
Essere licenziato per mancanza *di serietà*!

... per un salumiere?
Non avere la *pancetta*!

... per un minatore?
Sentirsi un po' *giù*!

... per un elettricista?
Fare una carriera *luminosa*!

... per un idraulico?
Non capire un *tubo*!

... per un medico?
Influenzare i suoi pazienti!

OVVIO, NO?

Un boscaiolo entra in un negozio specializzato in abiti per boscaioli e chiede:
– Vorrei un vestito adatto per andare a tagliare la legna.
– Che taglia?
– *La legna, no?*

DAL MECCANICO

Un tizio va da un meccanico e gli domanda: – Scusi, è grave se nel carburatore dell'automobile entra dell'acqua?
– Mah, non so – risponde il meccanico.
– Per darle una risposta precisa dovrei vedere la macchina. Dov'è, adesso?
E il tizio: – Mi è caduta *nel fiume*!

UNA PROFESSIONE IMPOSSIBILE

Due bambini parlano di cosa vorrebbero fare da grandi.
– All'inizio io volevo fare il dottore – dice uno di loro, – ma poi ho visto *quante volte* si lavano le mani ogni giorno!

IN CARTOLERIA

La signora Antonella va in cartoleria per comprare un regalo al marito.
– Avete per caso una penna che scrive sott'acqua? – domanda al commesso.
– Ma certamente, signora – risponde il commesso del negozio, con un sorriso. – Tutte le nostre penne scrivono 'sott'acqua'... *e ogni altra parola che vuole*!

DOMANDA ASSURDA

Qual è il contrario di montatori?
Smonta*mucche*!

CHE DOTTORE!

Due signore si incontrano.
– Sono appena stata dal mio nuovo dottore – dice una. – Dovresti andarci anche tu... è davvero bravissimo!
– Ti ringrazio del consiglio – replica l'altra, – ma, per fortuna, non ne ho bisogno. Sto benissimo!
– Guarda – insiste la prima, – che quello è talmente bravo che *qualche malattia la trova anche a te*!

POLIZIA

Una signora telefona alla polizia dicendo di essere stata aggredita di notte, nel suo giardino: un uomo misterioso l'ha colpita in fronte ed è fuggito!
Il poliziotto inviato a indagare sul caso torna dopo mezz'ora.
Il capitano gli chiede: – Allora? Come procedono le indagini?
– Penso di aver risolto il caso, capitano – risponde prontamente il poliziotto.
– E come hai fatto, così in fretta? – domanda ancora l'altro.
– Semplice – spiega il poliziotto, indicando un grosso bernoccolo che ha al centro della fronte, – *ho messo anch'io il piede sul rastrello abbandonato in mezzo al giardino*!

ZZZ

Un oculista al paziente: – Che lettera è questa?
– Una F.
– E questa? – continua, indicando la Z proprio quando dalla finestra entra una zanzara che comincia a ronzare: zzz...
Il paziente infastidito: – Zitta tu, *non ho bisogno di suggerimenti*!

NINNANANNA

– Maestro, mi sa dire perché ci ha messo così tanto per comporre una ninnananna? – chiede il giornalista a un grande compositore.
– Che cosa vuole, provandola *mi addormentavo sempre*...

STRANI CLIENTI

Un signore entra in una merceria e chiede un centinaio di aghi.
– Ha una sartoria? – gli domanda il commesso incuriosito.
E il signore: – No, sono un mangiatore di spade. Il mio medico mi ha consigliato di mettermi *a dieta*...

QUESTIONE DI LOGICA

– Signora maestra, è vero che se un pittore dipinge se stesso fa un autoritratto?
– Sì, certamente!
– Allora se un falegname costruisce un mobile per sé, fa *l'automobile*?!

SAI QUAL È IL COLMO...

... per un oculista?
Sposare la sua *pupilla*!

... per uno spazzino?
Tirare un bidone!

... per un venditore di bilance?
Avere un *peso sullo stomaco*!

... per un orologiaio?
Avere le figlie *sveglie*!

... per un imbianchino?
Ordinare un caffè *macchiato*!

... per un pompiere?
Avere una sete *ardente*!

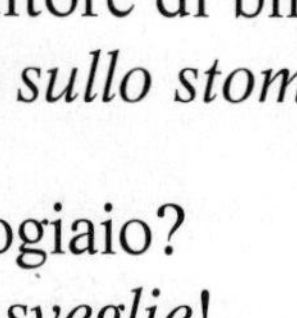

... per un fruttivendolo?
Essere uno *zuccone*!

... per un cuoco distratto?
Farne di *cotte e di crude*!

... per un fornaio?
Trovare *pane per i propri denti*!

... per un dottore?
Farsi firmare la ricetta *dalla cuoca*!

... per un cuoco audace?
Fare discorsi troppo *piccanti*!

... per una lavandaia?
Cucinare un uovo *in camicia*!

... per un pizzaiolo?
Avere una moglie che si chiama *Margherita* che ogni *4 stagioni* fa la *capricciosa*!

... per un astronauta?
Avere problemi di *spazio*!

CHE BUFFO SE...

... il vigile sparisse dalla *circolazione*!
... il pompiere comprasse un'auto nuova *fiammante*!
... il cuoco si cacciasse in un *pasticcio*!

NELL'ATELIER DI UN PITTORE

Un Lord inglese si presenta nello studio di un pittore per ritirare il suo ritratto. Appena entrato, vede il proprio volto incorniciato ed esclama: – Ma questo ritratto non mi assomiglia proprio! Non ho intenzione di pagarglielo!
E il pittore, un po' confuso: – Veramente, signore, quello non è il suo ritratto, ma *uno specchio*...

ANNIVERSARIO

Una mattina, un impiegato bussa alla porta del capufficio.

– Buongiorno! Vorrei chiederle il permesso di assentarmi!

– Non se ne parla nemmeno! – grida in malo modo il capufficio.

– Ma è il decimo anniversario di matrimonio, ho promesso a mia moglie di portarla al cinema...

– Ma insomma... mi tira fuori la stessa storia *ogni dieci anni*!

MAGGIORDOMO

Che cosa diventa un maggiordomo che prende la scossa?

Un elettro*domestico*!

EMERGENZA!

Un medico riceve una telefonata da un ufficio: – Dottore, venga subito, un nostro collega ha ingoiato una penna!
– E voi che cosa avete provato a fare per toglierglièla?
– Beh, niente, tanto usiamo la *matita*!

CHI BEN COMINCIA

Colloqui d'assunzione per un impiegato:
– Buongiorno signore, la prego, si sieda pure. Allora... come si chiama?
Il candidato risponde, contento: – Giovanni, he he he!
– Ma che cos'ha da ridere?
– Beh, ho risposto giusto alla *prima domanda*, no?

QUANTI VECCHI DOCUMENTI...

Un collega chiede al suo vicino di scrivania: – Secondo te, per fare un po' di spazio posso bruciare i documenti vecchi?
– Splendida idea, ma prima *fai una fotocopia di tutto*!

MALINTESI

Il capufficio alla sua segretaria: – Signorina, domenica sera è libera?
– Oh sì! – dice lei, sorpresa.
– Non ha impegni?
– Oh no! – risponde la ragazza, sperando di aver fatto colpo.
– Bene, *allora cerchi di essere puntuale* lunedì mattina!

I TRUCCHI DEL PRESTIGIATORE

Un prestigiatore annuncia: – Ora sceglierò una persona a caso tra il pubblico... tu, bambino!

Fa salire il bimbo sul palco, poi gli dice: – Perché nessuno pensi che c'è il trucco, di' la verità: è vero che io e te non ci siamo mai visti prima?

Il bambino: – È vero, *papà*!

BARZELLETTE TECNOLOGICHE!

– *Piccolo ma potente* il mio lettore CD, vero zio G.?

DOMANDE IMPORTANTI

Due famosi scienziati, davanti allo schermo di un potentissimo computer, stanno esaminando i risultati della loro ricerca.
– Dopo sette lunghi anni di lavoro – dice uno di loro, – abbiamo tutte le risposte che cercavamo... ma non mi ricordo più *qual era la domanda*!

IL PROGRESSO...

Due indiani Sioux, Corvo Bianco e Cielo Tonante, stanno facendo i segnali di fumo. Richiamato da un fischio prolungato, il primo si gira e vede che nella vallata sottostante sta passando uno sferragliante treno a vapore.
– Guarda – dice meravigliato al compagno, – una *macchina da scrivere*!

IL VIRUS

– Suo figlio sta benissimo – dice il dottore a una mamma preoccupata.
– Ah, meno male! Sa, il suo computer ha un *virus* e pensavo l'avesse preso anche lui!

SVEGLIA PC!

Che cosa dice un computer appena sveglio? Sogno o son *desktop*?

INTERNET

– Gina, non trovo l'asciugamano...
– Prova *su Internet*...

IL BELLO DELLA TECNOLOGIA

Un tale con la mania della tecnologia dice a un amico: – Voglio farmi tagliare i baffi. C'è un parrucchiere computerizzato proprio vicino a casa mia. Andiamo a provare?

Si siede sulla poltrona del barbiere, infila una monetina nella apposita fessura e una voce metallica dice: – Benvenuti dal barbiere computerizzato; il taglio che chiedete sarà completamente automatizzato. La nostra macchina è infallibile e non c'è nessuna possibilità *che si rompa... che si rompa... che si rompa... che si rompa... che si rompa... che si rompa... che si rompa... che si rompa...*

BLA BLA BLA

Che differenza c'è tra una pantegana chiacchierona e un computer?
Il computer ha l'interruttore *per spegnerlo...*

LA MINESTRA DEI ROBOT

Qual è la minestra preferita dai robot?
La minestra... *di dadi*!

INTERNET

Come chiameresti qualcuno che passa 24 ore al giorno su Internet?
Puoi chiamarlo come ti pare, *tanto non ti ascolta comunque.*

SAI QUAL È IL COLMO...

... per un computer?
Non avere programmi *per la serata*!

... per un ladro di cd?
Fare sparire *le tracce*!

... per una presentatrice tv?
Affogare quando la trasmissione va in onda!

... per un programmatore disattento?
Inserire la password per far funzionare il *microonde*!

... per una telefonista?
Non riuscire a mantenere *la linea*!

... per un programmatore?
Non riuscire a programmare *le ferie*!

... per un televisore in bianco e nero?
Farne *di tutti i colori*!

... per una calcolatrice?
Dare i numeri e fare un quarantotto!

... per un robot?
Fare il *bullone*!

... per uno scienziato che non sa nuotare?
Avere un *mare* di idee!

... per un videoamatore?
Riprendere una lumaca *al rallentatore*!

... per un computer fuori di testa?
Non connettere!

TECNOLOGIA

CHE FISSAZIONE!

– Dottore, dottore, dottoreeeeee! Mio marito crede di essere un computer!
– Non si preoccupi, signora, me lo porti qui e vedremo di curarlo.
– Ehm, non subito, però, dottore, *devo prima finire una ricerca su Internet...*

GATTI SU INTERNET

Un tale racconta a un altro: – Il mio gatto tutte le sere si piazza davanti al computer e naviga su Internet!
– Incredibile! Certo che è proprio intelligente!
– Intelligente, dici? Mah! A dire il vero, il canarino ci ha messo una settimana, *a insegnargli...*

SEMPLICE, NO?

– Dottore, dottore, dottoreeeeeee! Temo di avere usato troppo il computer! Ci vedo doppio!
– Non si preoccupi. Provi ad andare in giro *con un occhio chiuso*.

MACCHIOLINE

Due amici davanti al computer.
– Uhmmm, forse passo troppo tempo davanti al video. Vedo delle macchioline davanti agli occhi...
– Hai visto un oculista?
– No, *solo macchioline*!

ANCHE I PC HANNO UN CUORE

Un computer fa la corte a un altro computer: – Che *programmi* hai stasera?

MEMORIA DA ELEFANTE

Che cosa ottieni se incroci un elefante con un hard disk?
Un computer con *una memoria pazzesca*!

COMUNICAZIONE

– Da quando hai scoperto Internet, non mi ascolti più!
– Eh? *Qualcuno ha parlato*?!

ACQUA E SAPONE!

Un tipo entra in un negozio di computer e protesta: – Da quando l'ho pulito, il mio computer non funziona più!
Il commesso: – Uhmmm, con che cosa l'ha pulito?
– Acqua e sapone!
Il commesso, allibito: – Ma allora sarà stata l'acqua! Non doveva usarla!
Il cliente: – Ehm, più che l'acqua forse è stata *la centrifuga...*

DA QUANDO?

– Dottore, passare tanto tempo davanti al computer mi fa male: temo che mi faccia perdere la memoria!
– E mi dica, da quando le succede?
– Eh? Da quando mi succede *cosa*?

NIENTE CONSIGLI!

Un ragazzino sta cercando di installare il suo computer.
Il padre si avvicina e gli chiede: – Vuoi che ti dia un consiglio?
Il ragazzino: – No, grazie, papà, niente consigli, preferisco *rovinare il computer da solo*!

CI VEDO DOPPIO!

– Dottore dottore, ho navigato troppo su Internet, ci vedo doppio!
– Uhmmm, parliamone. Ma intanto si accomodi, prenda una sedia...
– *Quale delle due?*

BLACK-OUT

Due tizi si incontrano: – Ehi! Hai visto che black-out ieri sera?
– Eh? No! Nella mia zona *eravamo tutti al buio*!

TRA PESCI

Due pesciolini piccoli stanno nuotando. Uno chiede all'altro: – Tu navighi su Internet da solo?
– Io no, mia madre mi raccomanda di stare lontano... *dalla Rete*!!!

TECNICO DI COMPUTER

Un tipo chiama un tecnico: – Dovrebbe riparare il mio computer. Le confesso che sono un po' nervoso, sa, ci tengo molto...
Il tecnico: – Oh, non si preoccupi, da quando ho iniziato a riparare computer, ne ho rovinato solo uno!
Il tipo: – E quanti computer ha riparato finora?
Il tecnico: – Ehm, questo è *il secondo*...

TECNOLOGIA... D'ALTRI TEMPI!

– No, tesoro – dice la mamma a Stefano. – Questo non ha bisogno del telecomando per venire acceso... *è un libro*!

AL CASTELLO

Dopo aver attraversato sei saloni e salito quattro piani dell'antico castello, il maggiordomo si presenta al Conte e chiede: – *Il signore mi ha mandato un'e-mail?*

LA TELEVISIONE

La piccola Clara, mentre guarda la televisione in compagnia del fratellino, fa questa profonda riflessione: – Pensa, se un secolo fa non avessero inventato l'elettricità, adesso staremmo ancora guardando la televisione *con le candele*!

GLI UCCELLINI E LA TECNOLOGIA

Che cosa fa un uccellino dentro a un computer?
– *Chip!*
E un uccello ancora più piccolo?
– *Microchip!*

TIFOSI

Due computer si incontrano allo stadio. Uno chiede all'altro: – Tu di che squadra sei?
– Dell'*Inter-net*!

IN MALATTIA

Perché gli informatici quando hanno il raffreddore non usano mai il computer?
Per non *diffondere il virus*!

NAVIGAZIONE ESTIVA

Due amici parlano delle vacanze:
– Dove andrai in vacanza questa estate?
– Navigherò.
– Bello, e dove farai la crociera?
– A casa: *navigherò in Internet*!

PRONTO!

Chi è che appena alzato è subito *pronto*?
Il telefono!

PC IN FILA

Che cosa fanno 10 pc uno dietro all'altro?
La micro-processione!

ULTIMA MODA

L'ultima moda in fatto di computer? Usare come tappetino per il *mouse* una bella fetta di *emmental*!

PARAGONI POETICI

Due amici sono sdraiati a pancia in su, sopra un bel prato in una giornata di sole.
– Guarda che cielo, sembra *lo sfondo del mio computer*!

SISTEMA SALVA-VISTA

– Sai, ho trovato il rimedio per non stancarmi la vista mentre guardo la TV.
– E qual è?
– Ho girato lo schermo *verso il muro*!

BARZELLETTE IN FAMIGLIA!

– Che cosa ti fa pensare che *non abbia messo in ordine* la cameretta, zia?

UNA CURA... TUTTA DA RIDERE!

Una signora rientra a casa dopo il lavoro e trova il marito che sta fasciando lo spigolo di un tavolo.

– Che cosa stai facendo? – chiede perplessa.

– Oggi ci sono andato addosso e il dottore mi ha consigliato di *fasciare il punto dove ho battuto*!

I FRUTTI DEL FACHIRO

La moglie di un fachiro va al mercato a comprare la frutta.

– Desidera? – chiede il venditore.

– Fichi d'India, *belli spinosi*...

CI SONO BORSE E BORSE

Un canguro alla moglie: – Non ci crederai, ma ho visto un tale con le borse... *sotto gli occhi*!

DOLCI DUBBI

– Mamma, mamma, ma è vero che le api fanno il miele?
– Certamente!
– Davvero?! Ma come fanno a *chiudere i barattoli*?

UN PAVIMENTO MORBIDO MORBIDO

Tra moglie e marito.
– Ma perché lavi i pavimenti con *l'ammorbidente*?
– Perché così quando i bambini cadono *non si fanno male*!

IL TRENINO ELETTRICO

Il piccolo Adelio sta giocando divertito con il trenino elettrico.
L'ora di cena si avvicina, così la mamma, immedesimandosi, gli chiede: – Ceni a tavola con me e papà o *vai al vagone ristorante*?

BUGIE

La zia rimprovera la nipotina per aver detto una bugia: – Io da piccola non dicevo mai bugie!
– E *a che età hai cominciato*, zia?

LE FUSA DEL GATTO

Il piccolo Paolino sente per la prima volta un gatto che fa le fusa. Spaventato, corre dalla mamma gridando: – Mamma! Mamma! Il gatto si è addormentato *con il motore acceso*!

PAPPAGALLO

Come si chiamano i genitori del pappagallo?
*Papa*gallo e *mamma*gallo!

MA MI HA VISTO?

– Sai, Renata, oggi ho incrociato tuo cugino per strada, ma non mi ha visto!
– Sì, *me lo ha detto*...

NEL MARSUPIO

La mamma canguro al piccolo cangurino: – Eh no, caro! Tu entri nel marsupio, ma *il tuo amico riccio ci segue a piedi*!

UN BAMBINO PRECOCE!

Al parco si incontrano due signore con due bambini piccoli.
– Mio figlio cammina da quando ha sei mesi... – esclama la prima.
– Poverino! – risponde l'altra. – *E non è ancora stanco*?

IL CUGINETTO

Il piccolo Gigetto va con la mamma in ospedale a trovare la zia, che ha appena partorito.
Guardando perplesso il neonato pieno di rughine e senza capelli, dice alla zia:
– Ora capisco perché *lo hai tenuto nascosto tanto tempo sotto il cappotto*!

LA TV

Un bambino chiede al padre: – Papà, posso guardare la TV?
– Certo, caro! Guardala pure, *basta che non l'accendi*!

BAGAGLI

Un papà, tornando a casa, vede sua figlia imbronciata. Chiede allora spiegazioni alla moglie, che risponde: – Mi tiene il broncio perché, quando mi ha detto che sarebbe scappata di casa, le ho chiesto *se volesse una mano per fare i bagagli*!

DOV'È IL CANGURINO?

Una coppia di canguri si riposa all'ombra di un baobab.
A un tratto, papà canguro chiede a mamma canguro: – Dov'è il piccolo?
Mamma canguro abbassa la testa per guardare nel marsupio e impallidisce.
– Oh! – grida. – La mia tasca *ha un buco*!

GENTILEZZE

La mamma si accorge che la piccola Sara tarda a prepararsi per andare a scuola e le chiede il motivo.
La piccina risponde: – Ho pensato di rimanere a casa oggi, così la maestra *può stare un po' tranquilla*...

FRATELLI GEMELLI

Antonio guarda con aria perplessa le culle dove stanno dormendo i suoi due fratellini gemelli.
– A che cosa pensi? – chiede la mamma.
– Anch'io *ero doppio quando sono nato*?

FACCENDE DOMESTICHE

Due amici si trovano al bar.
– Ma è vero quello che mi hanno detto, che a casa lavi i piatti?
– Se è per questo lavo anche i pavimenti, le piastrelle e la cucina!
– E tua moglie?
– No, no, *mia moglie si lava da sola*!

IL LATTE

– Mamma, quanti tipi di latte esistono?
– Vediamo... latte fresco, pastorizzato, in polvere, condensato... ma perché lo vuoi sapere?
– Sai, sto disegnando una mucca e vorrei sapere *quanti rubinetti devo metterle sulla pancia...*

IL GRANO

Siamo in aprile e durante una gita in campagna Gigi domanda: – Papà, che cosa sono queste pianticelle verdi?
– È grano, serve per fare il pane...
– Ma è così piccolo che al massimo servirà per fare i *panini...*

DALLA NONNA

La nonna al piccolo Simone, che è andato a trovarla: – Oh, grazie di essere venuto! Hai fatto tanta strada!
E il nipotino: – Ma no, nonna! La strada *l'ho trovata già fatta*...

LA TRUFFA DEL FRATELLINO

– Papà, perché il nonno non ha i denti e ha pochi capelli? – domanda Alice.
– Perché è anziano.
Alice guarda preoccupata il suo fratellino di pochi mesi.
– Ma allora hanno imbrogliato te e la mamma! *Vi hanno dato un bambino dell'età del nonno*!

REGALI

Un tale torna a casa con un pacchetto per la moglie: – Mi sono ricordato che oggi non solo è il tuo compleanno, ma anche il tuo onomastico... Così ho deciso di farti due regali: eccoti *un paio di guanti*!

BUCATO K.O.

– Giovanna, perché quando stendi il bucato chiami sempre tuo marito?
– Perché fa il pugile: *stende sempre tutti*!

CAMBIO NOME

Una bambina si confida con l'amica.
– Pensavo di chiamarmi Elisa, ma ormai sono due anni che i miei genitori mi chiamano solo *'Piantala'*!

LA SORELLINA

Non appena arriva in classe, Dario viene circondato dai compagni perché gli è nata una sorellina.
– Come si chiama?
– Non lo so, *non sono riuscito ancora a capire che cosa dice...*

GEMELLI ALLO SPECCHIO

– Eccovi le magliette uguali che mi avete chiesto. Venite allo specchio a guardarvi! – dice un commesso a due gemellini.
– Non serve! *Basta che ci guardiamo l'un l'altro...*

FAMIGLIA PREISTORICA

In una caverna un bambino non riesce ad addormentarsi.
La mamma suggerisce al marito: – Forse dovresti raccontargli una *prei*storia della buonanotte!

IL GUARDAROBA

Tra amici.
– Mia sorella è esagerata, si cambia anche tre volte al giorno!
– Questo è niente! Pensa che il mio fratellino di tre mesi *si cambia più di dieci volte al giorno*!

LA SCARPA

Fiammetta domanda alla mamma: – Su quale piede va questa scarpa?
– Sul piede sinistro!
– *E l'altra?*

DOPPIO REGALO

– Grazie per la tromba che mi hai regalato, zio, è stato il più bel dono per il mio compleanno!
– Sono contento! Ma perché ti piace così tanto?
– Perché la mamma mi dà una fetta di torta ogni giorno *per non suonarla...*

IN ATTESA DAL DOTTORE

Il piccolo Dario, ammalato, aspetta con paura il dottore.
– Stai tranquillo – lo tranquillizza la mamma, – non ti farà male. Vorrà solamente guardarti...
– Ma allora, mamma – risponde Dario, – non potevi semplicemente mandargli *una mia fotografia*?

DI PADRE IN FIGLIO

– Come va mio figlio in storia? – chiede il papà di Rodolfo alla maestra. – Pensi che quando andavo a scuola, io ero l'ultimo della classe in questa materia...
E la maestra, sconsolata: – Temo proprio che *la storia si ripeta*...

TUTTI A LETTO!

Raffaele non si decide a spegnere la TV.
– Vai a letto, è molto tardi! – gli dice la mamma.
– Non potrei restare ancora un po' qui e *addormentarmi da sveglio*?

INSEGNAMENTI

Claudia, mentre la mamma sta telefonando, mangia la torta che doveva essere la sua merenda per il giorno dopo. Finita la telefonata, la mamma si arrabbia.
– Perché hai mangiato il dolce?
– Ma mamma, me lo dici sempre tu di *non rimandare a domani quello che posso fare oggi*!

BUONANOTTE

Mamma grillo entra nella cameretta del figlio e gli dice: – È tardi, tesoro. Spegni la *lucciola* e dormi!

TRUCCHI PER RISPARMIARE

La moglie, vedendo il marito immerso in una gran massa di schiuma nella vasca da bagno insieme al cagnolino, brontola: – Ma che cosa ti è venuto in mente! Fare il bagno insieme al cane!

– Pensavo di riuscire a risparmiare un po' d'acqua, così! – si giustifica l'uomo.

La donna se ne va scuotendo la testa.

Il marito, rivolgendosi all'animale, dice allora: – Meno male che non si è accorta *che ci sto anche lavando i piatti*!

FAVOLE DELLA BUONANOTTE

Un papà, vedendo che il figlio non si addormenta, decide di leggergli una lunghissima favola.
A un certo punto però il bambino esclama, esasperato: – Papà, insomma, non potresti leggere un po' più in fretta? *Sono ore che cerco di dormire...*

DI PRIMO MATTINO

Il signor Stefanelli, appena uscito di casa per andare al lavoro, rientra subito e, rivolgendosi all'attaccapanni, esclama:
– Scusa, cara... avevo dimenticato di prendere *gli occhiali*!

UNA VISITA INATTESA

Alle cinque del mattino, suona il campanello in casa dei signori Tarquini.
Allarmato, il padrone di casa corre ad aprire e si trova davanti il figlio di cinque anni dei vicini di casa.
Il bimbo esclama: – Sono venuto ad avvertirvi che sta nevicando! Non è meraviglioso?
E l’altro: – Ma... ma lo sai che ore sono?
– No, ma posso *chiederlo alla mamma*!

CHE BARBA!

Di ritorno da una festa di compleanno, il piccolo Michele dice alla mamma: – È stata una festa noiosa: nessuno voleva giocare *a tirarsi le torte in faccia*!

MA CHE STANCHEZZA...

La madre porta la figlia di sette anni dal medico.

– Dottore – gli spiega, – sono preoccupata! La bimba dice di essere sempre stanca... *quando va a lezione di pianoforte... a equitazione... a pallavolo... a judo... a danza...*

UNA SEMPLICE VERITÀ

– Tu lo sai che cos'è un maglione molto pesante? – domanda un bambino al suo amichetto.

– Ehm... no.

– *È quella cosa che dobbiamo indossare noi quando hanno freddo le nostre mamme!*

GENITORI E FIGLI

Due ragazzi camminano per strada assorti nei loro pensieri.
A un certo punto il primo dice: – Alla fine, a parte vestirci, nutrirci, proteggerci e pagarci tutto, *che cosa fanno per noi i nostri genitori*?

UN'ATTIVITÀ IMPORTANTE

Come al solito, la mamma chiede al marito se per favore le apre un grosso barattolo di sottaceti.
Mentre l'uomo è impegnato nell'operazione, la figlia domanda: – Mamma, ma come facevano ad aprire i barattoli prima che inventassero *i papà*?

CHI C'È C'È...

Al rientro dal lavoro, il signor Babbeotto ha bisogno di andare in bagno.
Trovando la porta chiusa a chiave, bussa e domanda: – Se c'è qualcuno dica 'sì', altrimenti *dica 'no'*!

UN CAMBIO DIFFICILE

La signora Babbeotto deve uscire per un importante appuntamento, così dice al marito: – È ora di cambiare il bambino. Ci puoi pensare tu per favore?
Quando torna a casa chiede: – Allora, hai fatto quello che ti avevo detto?
– Ci ho provato – risponde l'uomo con aria demoralizzata, – ma *nessun genitore mi ha voluto dare il proprio bambino in cambio del nostro*!

IL BAMBINO INFANGATO

Suona il campanello. La mamma di Paolo va ad aprire e si trova davanti un bambino tutto coperto di fango, polvere ed erbacce.

– Se sei Paolo – dice la mamma, – vai subito a farti la doccia. Se invece sei Mario, *la tua casa è quella accanto*!

SCAVO IN CORSO

Un bambino sta scavando una buca in giardino. Il padre, quando se ne accorge, gli grida: – Ma che cosa stai facendo?

E il figlio, convinto: – Voglio vedere *quanto è profondo il nostro giardino*!

CHE ORE SONO?

Il signor Distrattoni torna a casa a tarda notte. La moglie, che è rimasta ad attenderlo alzata, gli dice: – Ma lo sai che ore sono?
– Sì, certo – replica l'uomo. – Vorrei solo sapere *che giorno è*!

UN INCAUTO INVITO

La moglie spiega al marito, assumendo un tono di scusa: – Quando ho detto ai signori Buzzi di fare come se fossero a casa loro, non potevo certo immaginare che sarebbero andati a dormire *in camera nostra*!

QUALCUNO HA SBAGLIATO

Suona il telefono. Il signor Rossi va a rispondere.
– Buonasera, parlo con casa Martini? – chiede una voce all'altro capo del filo.
– No – risponde gentilmente Rossi, – lei ha sbagliato numero.
– Ma come si permette? – si arrabbia subito l'altro. – Guardi che io non ho affatto sbagliato!
– Invece sì – insiste Rossi, – visto che qui è casa Rossi!
– E invece no – ribatte l'altro, – visto che io non ci vedo bene e *il numero l'ho fatto fare a mia moglie*!

CURIOSITÀ

Notando una donna che sbircia in casa dalla finestra, la signora Rosa dice al marito: – A me non dà fastidio avere dei vicini un po' curiosi... quello che mi preoccupa è che *abitiamo al dodicesimo piano*!

SOTTO UNA CERTA LUCE...

Il marito, osservandosi allo specchio prima di andare a dormire, commenta ad alta voce: – Non me ne ero mai reso conto, ma visto sotto la giusta luce somiglio a Brad Pitt!
E la moglie: – Mmm... Ricordami di chiamare l'elettricista: quella luce deve essere *guasta*!

AH, LA NATURA!

Vista la bella giornata, il signor Bruni porta il bambino a fare la sua prima gita in campagna.
Giunti nei pressi di un boschetto, i due scendono dall'auto e si incamminano tranquilli fra gli alberi.
– Allora, ti piace? – domanda l'uomo.
– Oh sì, papà! È bellissimo – risponde il piccolo. – Non ero mai stato in *una fabbrica di alberi*!

TRA MOBILI

La sedia al divano: – Come mai oggi sei così nervoso?
– Sono arrabbiato con mia cugina!
– E perché?
– È una tale *poltrona*...

NOOOOOOO!

Il piccolo Pietro va dalla madre e le dice: – Mamma, il nostro vicino mi ha detto che *sono uno scocciatore*! Io non sono uno scocciatore! È vero, mamma? Eh, mamma?! È vero che non sono uno scocciatore? Mamma? Eh? Eh? Eh?

UNA SOLUZIONE SEMPLICE...

Tornato tutto impolverato da una partitella a pallone, Andrea chiede alla mamma: – Posso suonare un po' il pianoforte?
– Eh no! – risponde la mamma. – Hai le mani troppo sporche!
– Ma mamma – dice allora Andrea, – ti prometto di *suonare solo i tasti neri*!

SONNO INTERROTTO

Dopo aver messo a letto il bambino, i genitori si siedono sul divano a guardare la televisione.
A un certo punto ecco apparire il figlio.
– Sandro! Come mai ti sei svegliato? – domanda il padre.
E il piccolo: – *Temo che sia finito l'effetto della fiaba* che mi hai raccontato!

IL LATTE SUL FUOCO

La madre torna a casa e sente un forte odore di latte bruciato. Chiama il figlio e gli chiede: – Ma non hai guardato, come ti avevo chiesto, quando il latte ha cominciato a bollire?
– Certo che l'ho fatto – si difende il figlio. – *È stato alle 18.40 in punto*!

DRIIINN!

Suonano alla porta. Mentre la mamma va ad aprire, Alberto le si avvicina e dice: – Se è una signora con un secchio di vernice in testa, *dille che io non ci sono*!

AUGURI, MAMMA!

Il piccolo Corrado si reca in profumeria per comprare un regalo alla mamma.
La commessa, dopo averlo aiutato a scegliere un profumo, si offre di preparargli un pacchetto.
La ragazza infine gli domanda: – Vuoi che ci metta sopra un biglietto d'auguri con il tuo nome?
– Oh no – risponde il bambino, – la mia mamma *sa già come mi chiamo*!

GENITORI... VIZIATI!

Marco e Daniele giocano nel prato davanti a casa. A un certo punto la mamma del primo lo chiama: – Marco! Vieni dentro, che devi ancora fare i compiti!
Il bambino risponde: – Vengo subito, mamma!
Daniele lo rimprovera: – Non dovresti andare appena ti chiama! *Così la vizi*!

CARAMELLE GIGANTI

Gianni sta mangiando una caramella gigante. Stupito, il papà gli chiede perché. E lui, tranquillo, risponde: – La mamma ha detto che potevo mangiarne *solo una al giorno*!

CREDENZE

La famiglia Babbeotto è riunita per pranzo. Giorgio dice al padre: – Sai papà, quando ero piccolo credevo che le maestre ci abitassero proprio, nella scuola! E il genitore: – Perché... *dove abitano invece*?

PICCOLO EGOISTA

La mamma dice al figlio maggiore: – Sei un piccolo egoista! Hai mangiato tutta la torta senza pensare alla tua sorellina!
– Non è vero!!! – si difende il bambino.
– Ci ho pensato invece: perché credi che l'abbia mangiata così in fretta? *Per finirla prima che lei arrivasse*!

CIBI CROCCANTI

Al ristorante cinese, un marito dice alla moglie: – Mmm, che squisitezza! Erano davvero molto croccanti questi bastoncini di pesce!
– Lo credo bene... – commenta la moglie.
– Quelli non erano bastoncini di pesce, ma *le bacchette*!

OSPITI... IN FRIGO!

La signora Babbeotto apre il frigorifero e grida al marito: – Caro, ci sono degli scarafaggi dentro il frigo!
E il marito, per tutta risposta: – Li capisco, *qui fuori fa troppo caldo*!

SOGNARE SI PUÒ...

Marco confida all'amico Stefano: – Sai, sogno di diventare un grande scrittore come mio padre!
– Ah, tuo padre è un grande scrittore?
– No, *sogna di diventarlo*!

NUMERI DI TELEFONO

Una signora, madre di due bambini terribili, sta per uscire di casa.
Dà alla babysitter un numero di telefono: – Ecco il telefono di mia madre, nel caso succedesse qualcosa ai bambini...
La babysitter, rassegnata, le dà un altro numero di telefono: – Ecco il numero di telefono di mia madre... *è più probabile che capiti qualcosa a me*!

OGGI NO...

Paolino domanda alla mamma: – Mammina, posso andare a giocare da Mario?
– No – risponde la mamma. – È molto tardi e devi ancora fare tutti i compiti, riordinare la tua stanza e, quando hai finito, fare il bagno.
E Paolino, tutto imbronciato: – *Vorrei proprio sapere perché ce l'hai tanto con Mario*!

IL TOPINO DEI DENTI

La madre spiega al piccolo Pierino:
– No, tesoro! Il Topino dei Denti ti porta i soldi solo se ci metti i tuoi dentini, sotto il cuscino. *La dentiera del nonno non vale*!

CHI CHIAMA A QUEST'ORA?

Alle tre di notte, in casa dei signori Gentiloni squilla il telefono. Il marito, preoccupato per l'ora, alza la cornetta e dice:
– Pronto?
La moglie gli domanda: – Ma chi è che chiama a quest'ora?
E il marito: – Il bimbo della villetta accanto. *Visto che i suoi genitori dormono, chiede se gli possiamo portare noi un bicchier d'acqua*!

SVEGLIAMI!

Gigi alla mamma, che sta uscendo di casa: – Quando torni, se sto studiando, per favore *svegliami*!

LA SOLITA STORIA

– Domani ricomincia la scuola, perciò vai subito a letto a dormire – dice la mamma.

– È la solita storia – protesta il figlioletto. – Devo andare a letto *quando non ho sonno* e alzarmi *quando ne ho ancora un sacco*!

PRENDERE IL SOLE

Il piccolo Andrea rientra in casa dal giardino e chiede molto gentilmente alla madre: – Mamma, posso prendere il sole?

– Ma certo – risponde la mamma con un bel sorriso.

E il bambino: – *Allora dammi la scala, quella lunga!*

SAI QUAL È IL COLMO...

... per il figlio del pasticcere?
Pronunicare come prima parola *'babà'*!

... per un falegname sposato?
Avere la moglie *scollata*!

... per un elettricista?
Mettere *alla luce* un figlio!

... per un musicista?
Avere una moglie *suonata*!

... per un direttore d'orchestra sposato?
Dirigere la moglie mentre *suona il campanello dei vicini*!

... per un orefice?
Avere una moglie che fa *la preziosa*!

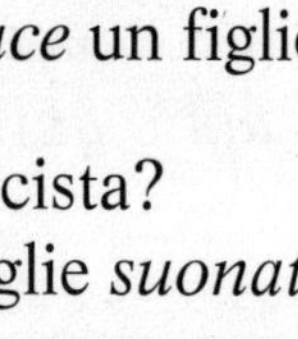

IL RAPPRESENTANTE

Un rappresentante chiede a un bambino seduto sulle scale fuori dalla porta di casa: – Tua madre è in casa?
– Sì, signore.
Il rappresentante bussa, ma non ottiene risposta. – Non avevi detto che tua madre era in casa?
– Certo, signore!
– E allora come mai non apre?
– Perché *io non abito qui*!

PUNTUALITÀ

La signora Lina confida all'amica: – Mio marito è la puntualità fatta persona! Ogni sera alle sette e mezza in punto mi telefona per dirmi *che farà tardi*!

TENERA ETÀ

Un signore ordina una torta in pasticceria per la sua bambina che compie tre anni. Poi aggiunge: – Mi dia anche un paio di candeline!
– Vorrà dire tre – lo corregge la commessa.
– No, no, bastano due... *tanto mia figlia non sa ancora contare*!

IL DUBBIO

Un'amica è andata a trovare la signora Spiazzi e insieme guardano la figlia di quest'ultima, Elisa, di sette mesi.
La piccola passa il tempo sfogliando grandi libri illustrati.
La madre spiega all'amica: – Purtroppo non parla ancora, così non capiamo *se sa già leggere o se guarda solo le figure*!

LA CHITARRA

Il figlio al padre, che sta leggendo il giornale: – Papà, la mia chitarra è scordata!
– Beh... – replica il padre, tutto assorto nella lettura. – Fai uno sforzo! *Cerca di ricordartela*!

PROPOSTA

Il fidanzato di Elena va a conoscere il padre di lei per chiedergli il permesso di sposarla.
– Signore, sono qui per chiedere la mano di sua figlia – esordisce il giovane.
– Ma parla della grande o della più piccola? – gli domanda l'uomo.
– Beh... – risponde confuso l'altro. – Non mi ero nemmeno accorto che avesse *una mano più piccola dell'altra*!

FAMIGLIA

IL COMPLEANNO

I signori Babbeotti devono fare un regalo a una cugina che compie gli anni e non sanno proprio che cosa scegliere.
– Regaliamole un libro – propone a un certo punto la moglie.
– No... – dice il marito, scuotendo la testa. – Mi sembra proprio *che ne abbia già uno*!

CHE INGIUSTIZIA!

Un bambino torna a casa tutto arrabbiato e si sfoga con la mamma: – Non è giusto! Oggi la maestra mi ha punito severamente per una cosa che non avevo fatto!
– Cioè? – gli chiede la mamma.
E il bambino: – *Non avevo fatto i compiti a casa!*

MANUALE PER GENITORI

I genitori trovano il figlioletto che legge con la massima attenzione il libro 'Come si educa un figlio'.
– Come ti salta in mente di leggere un volume del genere? – gli domanda il papà.
E il bambino, serio: – *Voglio controllare che stiate facendo il vostro dovere!*

L'INFANZIA DEL NONNO

Il piccolo Salvatore domanda alla nonna:
– Il nonno è mai stato bambino?
– Ma certo – gli risponde la nonna con un sorriso.
– E gli altri bambini non lo prendevano in giro, *con tutta quella barba*?

PIOVE...

La mamma si affaccia alla finestra e chiama il piccolo Raffaele che sta giocando in giardino: – Vieni in casa, che sta piovendo!
Il bambino, continuando a giocare, risponde tranquillamente: – Grazie, ma non mi interessa, mamma... *sta piovendo anche qui fuori*!

EFFETTI COLLATERALI

Il piccolo Fabrizio, dopo aver fissato per un po' con disgusto il piatto di carote che la mamma gli ha messo davanti, esclama: – E va bene, le mangio... *però poi non lamentarti se mi vengono le orecchie da coniglio*!

AL PRONTO SOCCORSO

– Stia tranquilla, signora – dice il medico alla moglie dell'uomo che ha appena visitato, – non è niente di grave! Domani suo marito potrà andare a lavorare senza problemi!
– Oh, dottore! – esclama la donna, commossa. – Lei è troppo buono! Non solo l'ha curato, *ma gli ha anche trovato un impiego*!

BRICOLAGE

Una signora dice all'amica: – Mio marito è un vero appassionato di *fai-da-te*!
– Anche il mio – ribatte l'altra. – Me lo dice *ogni volta che gli chiedo di fare qualcosa*!

A LETTO!

Alle nove di sera, i bambini della signora Giulia le danno la buonanotte e corrono subito nella loro cameretta.
L'amica Barbara le domanda: – Ma come fate a convincerli ad andare a letto senza fare storie?
– Semplice – risponde l'altra, – quando è l'ora, mio marito dice loro: *'Vi ho mai raccontato di quando ero ragazzo io?'*.

MAL DI DENTI

Carlo torna a casa dopo essere stato dal dentista.
– Ti fa ancora male il dente? – gli chiede suo padre.
– *Non lo so* – risponde Carlo, – *l'ha tenuto il dentista...*

I GEMELLINI

Padre e figlio si recano all'ospedale per fare una visita ai due fratellini gemelli del bambino, appena nati.
Dopo averli osservati un po' attraverso il finestrone del nido, il piccolo si rivolge serio al papà: – Sono così uguali! Io direi di tirare a sorte, *per sapere quale dobbiamo tenere*!

CHE FESTA!

Il piccolo Fabio torna dalla festa di compleanno del suo amico Robertino.
La mamma gli domanda: – Allora, com'è andata?
– Benissimo – risponde felice il bambino. – Alla fine, la mamma di Robertino *piangeva disperata*!

MENO MAAALE!

Il piccolo Oreste torna a casa da scuola e dice alla mamma: – Oggi la maestra mi ha chiesto se ho fratelli o sorelle più piccoli!
– Ah, gentile a interessarsi della tua famiglia. E che cos'ha detto quando ha saputo che sei figlio unico?
– *Meno maaale!*

OGNI TRENTA SECONDI

Nonno Fulvio e nonno Duilio siedono su una panchina dei giardini pubblici a godersi una bella giornata di sole autunnale.
Il primo legge dal giornale: – Senti qui... Sembra che in America ogni trenta secondi un bambino cada dalla bicicletta!
E nonno Duilio: – *Dovrebbero toglierla, la bicicletta, a quel bambino!*

LA METÀ

Gigino domanda al nonno: – Tu quanti anni hai?
– 66 – risponde l'uomo.
– Ehi, io ne ho la metà esatta! – esclama il bambino, tutto eccitato.
– Ma no – lo corregge divertito l'anziano.
– Tu sei piccolo, non hai 33 anni!
– Infatti – replica il nipote. – *Io ne ho 6!*

DOMANDE E RISPOSTE

Vedendo che il nonno mostra qualche cenno di fastidio per le sue continue domande, il nipotino gli dice: – Ma nonno, se non ci fossi io a farti tante domande, *a che cosa ti servirebbero tutte le tue risposte*?

FAMIGLIA

ALL'ALBA...

La piccola Cecilia, all'alba, entra nella camera dei genitori. Con la manina scuote il braccio della madre, che apre faticosamente un occhio.
– Mamma – le sussurra la bambina, – ti volevo dire che oggi non devo andare a scuola, *perciò puoi dormire fin quando vuoi*!

SCENDE IL TERMOMETRO

Un bambino corre dal padre: – Papà, papà! Il termometro... è sceso di brutto!
– Va bene – sorride il genitore. – Ci metteremo vestiti più pesanti. Di quanto è sceso?
– Di quattro piani... – risponde il bimbo.
– Mi è caduto dal balcone!

INTELLIGENZA

Due bambini giocano al parco sotto gli occhi vigili delle mamme.
– Ma lo sai che io sono così intelligente, ma così intelligente – dice uno, – che a dieci mesi sapevo già camminare?
– E tu saresti intelligente? – ribatte l'altro. – Io sì che sono intelligente: *a tre anni mi facevo ancora portare in braccio dalla mamma*!

BABAU

Pierino non vuole mangiare la minestra:
– Non mi piace, non la voglio!
La nonna lo minaccia: – Guarda che se non mangi la minestra io chiamo il babau!
Pierino sogghigna: – Ah, chiamalo pure, il babau, questa minestra è talmente cattiva che *non la mangerà neanche lui*!

IL PAPÀ PIÙ FORTE

Pierino e due amici parlano dei padri.
– Il mio papà – si vanta il primo, – è l'uomo più forte del mondo, riesce a sollevare un quintale!
– Il mio papà è più forte! – dice il secondo. – Riesce a sollevare dieci quintali!
Pierino ribatte: – Il mio papà è ancora più forte, solleva dieci tonnellate!
– Uh, possibile? Ma come fa?
Pierino sogghigna: – Lavora in un cantiere... *Guida la gru*!

CHE FORTUNA!

Pierino dice alla mamma: – Sono contento di non essere nato in Inghilterra!
La mamma: – Perché?
Pierino: – *Perché non so l'inglese!*

DOMANDA ASSURDA

Perché i figli delle pulci sono più grossi delle loro mamme?
Perché sono... *pulcini*!

UN TIPO PIGNOLO

Un industriale (mooolto ricco) annuncia al fidanzato della figlia (mooolto pignolo): – Allora, giovanotto, ecco la dote di mia figlia: duecentomila euro in banca, un attico in centro città, una casa in montagna, un'altra casa al mare, una macchina nuova, un cofanetto colmo di gioielli, il corredo di biancheria ricamato a mano, un servizio di posate d'argento, un servizio di piatti di porcellana...
Il fidanzato: – Mi scusi, *ma di che marca sono i piatti*?

NON PRENDERTELA!

Pierino torna a casa e si rivolge al padre.
– Papà, lo sai che il compito che mi hai fatto ieri era sbagliato?
Il padre: – Oh, mi dispiace!
Pierino: – Non prendertela, *anche i genitori dei miei compagni hanno sbagliato*!

DIECI ANNI...

Un cavaliere medioevale ritorna a casa dopo una lunga guerra durata dieci anni. Sale le scale del suo castello, entra nella sua stanza e si toglie l'armatura.
– Uffa, finalmente!
La moglie si stupisce: – Caro! Ma come sei... abbronzato!
Il cavaliere sbuffa: – Abbronzatura? Ma no! *Questa è ruggine*!

INCREDIBILE

La signora Rossi risponde al telefono ed esclama: – No... nooo... nooooooooo... non dirmelo... eh... incredibile...
Poi tace un attimo e ascolta. Quindi riprende: – Oh no... non dirmelo... nooo... incredibile... non dirmelo... no... non dirmelo... noooooooooo...
Poi attacca.
Il signor Rossi curioso le chiede: – Che cosa è successo?
La signora Rossi: – *Non me l'ha detto!*

TRA FERRI DA STIRO

Che cosa dice un ferro da stiro a suo figlio?
– Fai attenzione, stai prendendo proprio una... *brutta piega*!

CARTONI ANIMATI

Due mamme stanno chiacchierando.
– Ah, meno male che esistono i cartoni animati! Mi rilassano così tanto!
L'altra mamma: – Ah, li guardi spesso?
Lei: – No, non li guardo io... *li guardano i miei quattro figli*!

CANE GOLOSO...

Una signora ritorna a un negozio di animali protestando: – Ieri ho comperato qui un cane. L'ho portato a casa, ma... ha morsicato uno dei miei bambini. Perché non mi ha detto che era pericoloso?
Lui: – Gliel'avevo detto, signora!
– Ma no, aveva detto che al cane *piacevano i bambini*.
– *Appunto!*

BAMBINI PULITI

Tonino non vuole fare il bagno.
La mamma: – Dai, lavati!
– Non ci penso neanche!
– Dai, guarda che perdo la pazienza!
– No, no e no!
– Tutti i bambini puliti si lavano!
– Uhmmm... se sono puliti... allora... *perché si lavano*?

NELLA PREISTORIA

Il cavernicolo Gnugnuk vede arrivare correndo sua moglie, Gnegnek, che grida: – Corri! Una tigre dai denti a sciabola è entrata nella caverna di mia mamma!
Gnugnuk si gratta la barba e borbotta:
– Uhmmm... e allora? Che me ne importa a me di *quello che succederà alla tigre*?

CHE ROMANZO?

Paolo racconta alla mamma: – In questi giorni sto leggendo un romanzo...
E la mamma, molto colpita: – Ah sì? E che tipo di romanzo?
– Un romanzo... d'*appendicite*!

IL GIUSTO DOTTORE

Il fratello di Virginia ha la febbre. In assenza dei genitori, la bambina decide di telefonare al dottore.
– Pronto, dottore? Può venire a visitare mio fratello che ha la febbre?
Il medico risponde: – Ma... Virginia, io sono il veterinario! Non curo i bambini, ma gli animali!
– Lo so! – ribatte tranquilla la bambina.
– Infatti mio fratello *si chiama Leone*!

BARZELLETTE A TUTTO SPORT!

– Allora, G... *ti stai divertendo*?

SPORT

FINALE CON BOTTO

Che cosa dice il paracadute?
Non so se mi spiego...

ALLO STADIO

Perché allo stadio in curva si vede meglio?
Perché *in curva i giocatori rallentano*!

TRA PIPISTRELLI

Un pipistrello è appeso a testa in giù.
Un altro è appeso a testa in su.
Il primo chiede: – Ma che cosa fai?
L'altro: – Mai sentito parlare di *yoga*?

SULLA NEVE

Due sciatori alla loro prima gita sulla neve.

– Ehi, perché hai messo le catene attorno agli sci?

– Per non *scivolare*!

CORSE DI CAVALLI

– Ieri alle corse mi è successa una cosa incredibile. Un fantino molto miope mi ha gettato addosso una sella mentre ero chinato ad allacciarmi le scarpe...

– E che cosa hai fatto?

– Che cosa vuoi che abbia fatto senza allenamento... *sono partito, ma sono arrivato ultimo*!

PARTITA A PALLONE

Un topo e un elefante fanno amicizia e si mettono a giocare a pallone nel parco. A un tratto, per errore, invece del pallone l'elefante colpisce con un calcio il topo, che finisce a terra.
– Scusami tanto... – dice mortificato l'elefante.
– Oh, non è nulla – mormora il topo con un filo di voce. – Sarebbe potuto succedere *anche a me*...

IL DERBY

Tra sportivi.
– Non vieni allo stadio oggi? C'è il derby!
– No, *l'ho già visto l'anno scorso*...

SPORT

FORMULA UNO

Una giornalista segue tutte le gare internazionali di Formula Uno. Un pilota tedesco, Schwarzkopfunde, le vince tutte. Ma tutto il mondo si interroga su un suo piccolo segreto: prima di salire in auto il pilota si concentra, prende dalla tasca un bigliettino, legge attentamente una frase, la ripete fra sé e sé, poi ripiega il bigliettino e parte.
Una preghiera speciale? Un incantesimo? Un mantra? Insomma, tutti i giornali cercano di svelare il contenuto del misterioso bigliettino.
La giornalista è ben decisa a scoprirlo; indaga, corrompe, intriga, sino a che riesce finalmente, con mille stratagemmi, a stringere fra le dita il prezioso quadratino di carta.
Emozionatissima, lo apre e trova scritto: *'Pedale del freno a destra, acceleratore a sinistra'*.

SE LO BECCO...

Un atleta sconosciuto batte il record mondiale dei cento metri in sette secondi netti. Viene circondato dal pubblico che gli fa i complimenti, ma chi è vicino lo sente mormorare: – Se becco quello che mi ha messo la *vespa dentro la maglietta*...

IL GUASTO

Una signora chiama il tecnico della televisione. Quando l'uomo si presenta, la donna lo accompagna in salotto dove suo marito sta tranquillamente guardando la partita di calcio. Vedendo che l'apparecchio funziona perfettamente, il tecnico domanda: – Ma... qual è il problema?
E lei: – *Si vede solo lo sport!*

ALLA PARTITA

Domenica: lo stadio è affollato.
Improvvisamente uno spettatore sente il vicino esclamare: – Sessantacinquemila tifosi, ventidue giocatori, due guardalinee e un arbitro...
Poco dopo: – Sessantacinquemila tifosi, ventidue giocatori, due guardalinee e un arbitro...
E ancora: – Sessantacinquemila tifosi, ventidue giocatori, due guardalinee e un arbitro...
Alla terza volta domanda: – Perché continua a ripetere questa frase?
L'altro si gira: – Sessantacinquemila tifosi, ventidue giocatori, due guardalinee e un arbitro... *e quel piccione doveva fare un bisognino proprio sulla mia testa*!

SAI QUAL È IL COLMO...

... per un bagnino?
Chiamarsi *Salvatore*!

... per un fantino malato?
Avere una febbre *da cavallo*!

... per un pilota di Formula Uno?
Avere un figlio *turbo-lento*!

... per un atleta?
Mangiare *2 primi, 3 secondi e 4 decimi*!

... per un paracadutista?
Giurare di non *cascarci* più!

... per un sollevatore di pesi?
Avere sempre *un peso* sullo stomaco!

... per un atleta?
Farsi in *quattro* per arrivare *primo*
e ritrovarsi *terzo* per un *secondo*!

... per una rana alle Olimpiadi di nuoto?
Nuotare *a farfalla*!

... per un paracadutista disattento?
Cadere dalle nuvole!

... per uno sciatore italiano?
Diventare *rosso* per essere rimasto
al *verde* dopo una settimana *bianca*!

... per un fotografo sportivo?
Essere un tipo *scattante*!

... per un pugile?
Avere la cravatta *che fa a pugni*
con la camicia!

FACCIA LA CODA!

Una giovane sciatrice arriva allo skilift e salta la coda, passando davanti a tutti gli altri. Un ragazzo le urla: – Signorina, faccia la coda!
Lei: – Perché? Non sto bene *con i capelli sciolti*?!

QUALCUNO RESTA A CASA

L'allenatore di una piccola squadra di calcio parla ai giocatori nello spogliatoio: – Vi avevo avvertiti che se non aveste giocato meglio, qualcuno oggi non sarebbe sceso in campo! Beh, non era una minaccia vana... *mi hanno esonerato*!

SPORT

SUGLI SCI

L'istruttore di sci agli allievi.

– Per voi che imparate a sciare ci sono tre momenti difficili:

- primo: imparare a stare sugli sci;
- secondo: imparare a fermarsi...

– E qual è il terzo?

– Il terzo è il più difficile, *stare immobili per almeno quaranta giorni con la gamba ingessata...*

CAMPIONATO

Una signora telefona al medico.

– Dottore, mio marito, che fa l'arbitro, ha appena inghiottito il fischietto! Presto, bisogna fare qualcosa!

Il medico: – Non si preoccupi, signora, *è già finito il campionato*!

PAZIENZA

Un vecchietto sta osservando da molto tempo un pescatore.
A un certo punto il pescatore non ne può più e dice, scocciato: – È da ore e ore che mi guarda! Perché non pesca anche lei?
Il vecchietto scuote la testa: – Ah, non potrei mai, *non ho tutta quella pazienza...*

PERCHÉ CORRERE?

Padre e figlio guardano insieme i campionati di atletica leggera alla televisione. A un certo punto il bambino domanda: – Papà, perché quei signori corrono?
– Perché al più veloce danno un premio.
E il bambino: – E allora gli altri *che cosa corrono a fare*?

GARANTITO!

Un tipo si reca in un negozio di articoli sportivi.
– Vorrei un paracadute – chiede al negoziante.
– Eccolo qui! Garantito!
Il tipo borbotta: – Uhmmm, me lo garantisce? Davvero?
– Certo. Guardi qua! Lei tiri il cordino rosso... e il paracadute si apre.
– Uhmmm, e se non si apre?
– Allora tiri il cordino blu!
– Uhmmm, e se non si apre?
– Allora tiri il cordino verde!
– Uhmmm, e se non si apre?
– Allora tiri il cordino giallo!
– Uhmmm, e se non si apre?
– Allora tiri il cordino viola!
– Uhmmm, e se non si apre?
– Allora me lo riporti... e glielo sostituisco gratis!

SPORT

GARA DI RALLY

Il pilota sta guidando. Il navigatore gli legge le indicazioni sulla strada e a un certo punto propone: – Senti, per fare più in fretta, anziché dire 'curva a sinistra' dirò 'CAS', anziché dire 'curva a destra' dirò 'CAD', va bene?
– Ok! – dice l'altro alzando il pollice.
Il navigatore mormora: – CAS... CAD...
A un tratto urla: – FASPS FASPS FASPS!
Poi avviene un urto tremendo.
I due vanno a sbattere contro un muro e si svegliano in ospedale, bendati e ingessati dalla testa ai piedi.
Il pilota apre faticosamente gli occhi e sussurra al navigatore: – Ehi... senti un po'... ma... che cosa... volevi dire con... FASPS???
E il navigatore mormora: – Volevo dire... *Frena accidenti stiamo per sbattere*!

BRUMMM!

Un tipo va dal dottore: – Dottore, da quando ho visto l'ultimo Gran Premio di Formula Uno, sono convinto di essere un'automobile da corsa!
Il dottore: – Ora vediamo. Dunque, apra la bocca e dica *'brum, brumm, brummm'*!

IL CAMPIONE

A una gara di corsa sulla distanza degli ottomila metri, è il giovane Babbeotto a tagliare per primo il traguardo.
Incredulo e felice per l'inatteso risultato ottenuto, si lancia in una serie di capriole, salti e grida di gioia.
Uno dei giudici di gara sussurra a un altro: – Chi glielo dice che doveva fare ancora *due giri*?

SPORT

COME SI CHIAMA...

... il vogatore italiano arrivato ultimo?
Remo Stanco!

... il più famoso corridore vietnamita?
Cin Ciam Pai!

... il campione di motociclismo italiano?
Guido Lavespa!

... il più famoso portiere rumeno?
Manescu Saracinescu!

... il campione di velocità italiano?
Guido Forte!

... il famoso tuffatore spagnolo?
Cado Depansa!

UN PO' DI... ESERCIZIO!

La signora Enrica e una sua amica osservano il marito della prima che sta davanti allo specchio dell'ingresso con le braccia allargate, e si sforza di stenderle il più possibile.
– Sai – spiega la padrona di casa all'amica, – sta per iniziare la stagione di pesca, e si deve allenare per fare vedere agli amici *quanto era grande il pesce che ha pescato lui...*

MEDAGLIE

Perché la frutta prende sempre la medaglia di bronzo?
Perché arriva *dopo il primo e il secondo*!

LOTTA LIBERA

Due possenti lottatrici si stanno avvinghiando sul tappeto da combattimento, impegnate nella gara finale della loro specialità. Le due donne provano una mossa dopo l'altra per cercare di mettere l'avversaria con le spalle a terra.
A un certo punto una delle due appoggia una mano sulla guancia dell'altra che, sorpresa, le dice: – Ehi, che mani morbide! *Ma che prodotto usi per lavare i piatti*?

INDOVINELLO

Che cosa cade sui campi da sci senza mai farsi male?
La neve!

TUTÙ

Perché le ballerine indossano costumi strettissimi?
Perché altrimenti *ci ballerebbero dentro*!

PALESTRA, CHE PASSIONE!

Il signor Bianchi incontra un suo conoscente, il signor Pigroni, e gli domanda:
– Allora, come vanno i tuoi esercizi in palestra per dimagrire?
– Ho smesso dopo due giorni – risponde l'altro.
– Ma come! – si meraviglia il signor Bianchi. – Ti sei arreso in così poco tempo?
– Non io – spiega il signor Pigroni. – Si è arreso *l'istruttore*!

VINCITORE

Dopo una gara di corsa per insetti, il grillo comunica l'ordine di arrivo: – Il millepiedi è arrivato *primo, secondo, terzo, quarto, quinto, sesto*...

LO SPORT FA BENE...

Il signor Babbeotto saluta la moglie prima di uscire di casa: – A dopo, tesoro, vado a un torneo di ping pong!
– Bravo, lo sport sviluppa i muscoli.
– Ma io non gioco, guardo soltanto! – dice il marito con un sorriso. – Tutto il mio movimento consisterà nel far girare gli occhi!
E la donna, perplessa: – Ma a che cosa serve avere *gli occhi muscolosi*?

FISIOTERAPIA

Giulia e Rachele si sono fatte male a una gamba giocando a pallavolo e ora vanno insieme da una fisioterapista.
Sotto le mani della massaggiatrice, Giulia strilla per il dolore. Rachele, invece, sopporta le sedute con tranquillità.
Un giorno l'amica le domanda come fa a non gridare quando quella donna le strapazza la gamba ferita.
E Rachele: – Ma io non mi faccio massaggiare *la gamba ferita*!

TRA SUB

– Vuoi lasciare un messaggio a Riccardo? – chiede Fabio all'amico subacqueo.
– Sì, grazie. Dammi *carta e pinna*...

SPORT

SORPRESA...

La mamma compera una nuova racchetta da tennis a Marco per il suo compleanno. La nasconde sotto il letto e raccomanda alla sorellina di non dirglielo.
Alla sera Marco dice: – Bella la racchetta, mamma, grazie!
La mamma rimprovera Betty: – Non dovevi dire a Marco della racchetta...
– Ma mamma, io non gliel'ho detto... *gliel'ho solo fatta vedere*!

STILI DI NUOTO

Due topolini al mare.
– Io adoro nuotare a delfino, e tu?
– A cozza
– A cozza?
– Sì, *attaccato allo scoglio*...

IL PIEDE DEL CALCIATORE

Il signor Burlotti, al bar, mostrando il suo piede destro, domanda agli amici: – Sapete perché la nuova promessa brasiliana del calcio non usa mai questo piede?
– Perché è mancino? – azzarda uno dei presenti.
– No, perché questo piede... *è il mio*!

PROBLEMI DI SUDORE

La mamma rimprovera il figlio: – Con il caldo che fa, ti sei messo la stessa maglia che indossavi ieri?
E il ragazzo, meravigliato: – Ma che cosa c'è di male? Pensa che il vincitore del Giro d'Italia *ha indossato la stessa maglia rosa per quindici giorni di seguito*!

CAMMELLO SPORTIVO

Qual è lo sport preferito dal cammello?
Il *gob* a due!

NON ESSERE RIDICOLO!

Un tipo fa il bullo sulla spiaggia, per farsi ammirare.
Prova i bicipiti, fa un tuffo acrobatico, si pavoneggia di fronte alle ragazze.
Un bambino inizia a imitarlo. Una volta, due volte, tre volte...
Il tipo, scocciato, si rivolge alla mamma del bimbo: – Scusi, signora, suo figlio continua a imitarmi. Gli può dire di smettere?
La madre, con un sogghigno: – Ma certo. Paolino, smettila, non essere *ridicolo*!

CALCIO PER FORMICHE

Alcune formiche assistono a una partita di calcio giocata dalle loro compagne sul fondo di un *bicchiere*.
Una di loro grida: – Forza! Se vinciamo, l'anno prossimo giochiamo *in coppa*!

GARA TRA FORMICHE

Due formiche si sfidano a una gara di corsa. Sfrecciano tra l'erba e i fiori quando all'improvviso una delle due cade a terra. L'altra torna indietro per assicurarsi che stia bene.
– Che cosa ti è successo? Ti sei fatta male?
– No, mi è solamente andato *un moscerino in un occhio*...

LA CURA

Un tipo va dal medico perché non si sente bene.

– Per guarire – dice il dottore, – ha bisogno di calcio.

Dopo quindici giorni il tipo ritorna dal medico perché continua a non star bene.

Il dottore chiede: – Ma ha seguito la cura?

– Sì, sì. Nell'ultima partita *ho anche segnato un gol, ma non è servito a niente*!

CHE MIRA!

Un lanciatore di giavellotto: – Pensa che una volta lanciando il giavellotto a più di cinquanta metri di distanza ho preso una medaglia!

– Caspita, *che mira*!

CORRIDORI

Perché i corridori girano sempre con del nastro in tasca?
Per avere sempre il traguardo *a portata di mano*!

BASTA PENSARE!

Un famoso allenatore è molto stressato. Si presenta dal suo medico, il quale lo visita accuratamente.
Poi gli dice: – Troppo stress. Lei ora si prenda una bella vacanza, faccia una bella dieta e soprattutto, per un bel po' non pensi al calcio!
Gli scrive la ricetta, e mentre gliela consegna gli dice: – A proposito, *era proprio il caso di schierare Maldini domenica scorsa*?

DIETA

Qual è la dieta preferita dagli sportivi?
Il Salto del Pasto!

CALCIO D'ALTA QUOTA

Perché non si può giocare a calcio in montagna?
Perché gli arbitri non fanno che fischiare per le troppe *scarpate*!

BARZELLETTE SULLA SCUOLA!

– Finalmente il mio ex maestro mi ha restituito il lecca lecca che mi aveva preso in *terza elementare*!

UNITÀ DI MISURA

– Sai dirmi se è più lungo il Po o il Mississippi?
– Il Mississippi!
– Esatto! E di quanto?
– *Nove lettere!*

SAI CHI SONO?

Davanti alla porta del liceo.
– Il preside è un... – sta per dire uno studente a una compagna.
– Ma tu sai chi sono io? – domanda lei.
– No...
– Sono la figlia del preside!
– E tu sai chi sono *io*? – ribatte lui.
– No!
Lui tira un sospiro di sollievo e scappa via: – *Per fortuna!*

CHE MAESTRA!

Manuele torna a casa da scuola arrabbiato. La mamma gli domanda il motivo, e lui dice che è arrivata una supplente di matematica che non sa nulla.
La mamma, meravigliata da quel giudizio, gli chiede: – Come fai a dire che non sa nulla?
– Semplice – ribatte il bambino, – *per tutta la mattina non ha fatto altro che chiedere a noi alunni quanto fa due per due, tre per cinque, sei per otto...*

LA SOTTRAZIONE

La maestra chiama Luca alla cattedra e gli dice: – Tu hai venti caramelle. Se te ne tolgo quindici, che cosa ho fatto?
E il bambino: – *Un'ingiustizia!*

IL SOMMO POETA

Un professore spiega ai suoi allievi l'importanza che ha avuto per la letteratura il grande poeta Dante Alighieri, vissuto nel 1300. Al termine della sua lezione, dice: – ... e credo che se Dante fosse ancora vivo, sarebbe anche oggi un individuo molto speciale!

– Penso proprio di sì – commenta uno studente, – visto che *avrebbe più di settecento anni*!

CHE DOMANDE...

– Che cosa viene dopo l'Età del Ferro?

– Che domande, maestra... l'*Età della Ruggine*!

IL COMPASSO

Mario chiede in classe: – Scusi, signora maestra, visto che ho dimenticato a casa il compasso, al posto di fare i cerchi rotondi, li posso fare *quadrati*?

UN RISULTATO INCREDIBILE

La maestra chiama il piccolo Samuele a fare una somma alla lavagna, dove ha già scritto: 7+5.

Il bambino ci pensa un po' su, poi, con mano incerta, scrive: 12.

– Giusto – gli dice la maestra.

E il bimbo di rimando: – Davvero, signora maestra? Non lo dice soltanto *per farmi piacere*?

LA LETTERA NASCOSTA

A scuola, la maestra domanda a Filippo: – Dimmi una parola che contenga la lettera ‘L’.
Il bambino ci pensa un po’, poi dice:
– Uovo.
– Uovo? – chiede la maestra meravigliata. – E la ‘L’ dov’è?
– *Nel tuorlo!*

IL MAPPAMONDO

La maestra a Ivan, indicando il mappamondo: – Ivan, come mai la Terra è schiacciata ai poli?
– Non lo so, giuro che questa volta *non sono stato io*!

ADDIZIONE

Due compagni di classe chiacchierano tra di loro e uno esclama scocciato:
– Non capisco proprio niente di aritmetica! Ieri il maestro ha detto che 3+7=10. Oggi, invece, dice che 6+4=10... Ma insomma, *a che cosa dobbiamo credere*?!?

SAPUTELLO

Uno studente di agraria osserva un contadino mentre pota un albero e con superiorità gli dice: – I suoi metodi sono troppo antiquati... quell'albero non farà neanche una mela!
E il contadino ridendo: – Bravo! *Infatti è un pero*!

IL POSTO MIGLIORE PER STUDIARE

Due ragazzi stanno studiando insieme. A un certo punto uno dice all'altro: – Sai qual è il posto migliore per studiare?

– Una stanza tranquilla? – risponde l'amico.

– No, un aeroplano. Lì si capiscono le cose *al volo*!

RITARDO CRONICO

Luigi arriva tardi a scuola e la maestra lo rimprovera: – Luigi, è già la quinta volta che arrivi tardi questa settimana! Che cosa devo pensare?

– *Che è venerdì*, signora maestra!

ANALISI GRAMMATICALE

Scarpe: nome comune di cosa.
Genere: femminile.
Numero: *dipende da chi le porta*!

RIPASSERÒ...

Pierino torna a casa prima della fine della scuola.

– Come mai a casa così presto? – gli chiede la mamma.

– Ah, la maestra è stata così gentile... mi ha detto di ritornare a scuola domani.

La mamma: – Uhm, davvero?

Pierino: – Ma certo! Durante l'intervallo mi ha dato un libro di storia e mi ha raccomandato: *'Ripassa, Pierino, ripassa!'*.

SAI QUAL È IL COLMO...

... per un professore di matematica?
Abitare in una *frazione*!

... per un professore di lettere?
Scrivere solo *cartoline*!

... per una studentessa?
Andare a fare la spesa con la borsa *di studio*!

... per un'insegnante di disegno?
Mettere *in riga* gli alunni!

... per un professore di matematica?
Non riuscire a dormire perché non sa *contare* le pecore!

... per un'insegnante di italiano?
Rimanere senza *parole*!

... per una linea retta?
Avere una giornata *storta*!

... per un matematico?
Andare a casa con *un mezzo* pubblico!

... per un'insegnante?
Non avere *classe*!

... per un libro?
Avere l'indice... *fratturato*!

... per un libro di aritmetica?
Non avere *problemi*!

... per un professore di geometria?
Trovare l'area del rombo *di un tuono*!

FUORI DALLA FINESTRA

La maestra assegna il titolo del tema da svolgere a casa: 'Che cosa vedete fuori dalla finestra?'.

Il giorno dopo Luigino consegna un foglio in bianco.

– Come mai non hai scritto niente? – gli domanda la maestra.

– Perché le tapparelle della finestra erano *abbassate*! – risponde il bambino.

DA CHE PARTE STAI?

Una bambina, tutta imbronciata, dice al suo compagno di scuola: – Perché quando io e te litighiamo, *tu non prendi mai le mie difese*?

NON ABBASTANZA

I genitori attendono ansiosi il loro piccolino di ritorno dal primo giorno di scuola.

– Allora, com'è andata? Hai imparato tante cose?

Lui sospira: – Non abbastanza. La maestra ha detto *'Ci vediamo domani'*...

UNA COSA BUONA

Pierino porta ai genitori una pagella orribile, con la media del tre.

– Beh – si giustifica Pierino. – Una cosa buona c'è!

– Quale?

– Almeno potete essere sicuri che a scuola *non copio*!

SCUOLA

TROPPO PESANTE

Lezione di inglese: ogni ragazzino deve scrivere al suo amico di penna.
Carlotta finisce la sua lunghissima lettera, mette i sei fogli nella busta, incolla il francobollo e la consegna alla maestra.
– Carlotta, devi aggiungere un francobollo, questa busta è troppo pesante...
– Ma signora maestra, se aggiungo un altro francobollo diventerà *ancora più pesante*!

CHI?

La professoressa durante la lezione d'italiano: – Paolino, dimmi due pronomi!
Paolino: – *Chi? Io?*
La professoressa: – Bravo!

DIVISIONI

La maestra chiede agli alunni: – Una mamma ha sei figli e nove mele. Vuole che ogni figlio abbia la stessa quantità di mele. Che cosa farà?
Giannino alza la mano per primo e risponde: – *La torta di mele!*

INDOVINELLO

Che cosa dice il libro di aritmetica a quello di geometria?
– Certo che *ne abbiamo di problemi*!

IMPERFETTO

– Luca, mi dici qual è l'imperfetto di 'disegnare'?
– *Scarabocchiare*, signora maestra!

SE HAI IN TASCA...

Lezione di matematica.
– Allora, Pierino, se tu metti la mano nella tasca sinistra dei pantaloni e trovi cinquanta euro... poi metti la mano nella tasca destra e trovi cento euro... che cos’hai?
– *I pantaloni di qualcun altro!*

CHI L’HA MAI DETTO?

Lezione di geografia.
– Allora, Pierino, come puoi dimostrare che la Terra è rotonda?
– Non lo so. Ma d’altra parte, *non l’ho mica detto io...*

IL PROF DI MUSICA

Che cosa fa un professore di musica arrabbiato, quando i suoi alunni non fanno i compiti?
Mette tante... *note*!

SCRIVERE SÌ, MA LEGGERE...

Il piccolo Alberto torna a casa e dice al padre: – Papà, sai una cosa? Secondo me la maestra non è poi così brava come vuole farci credere!
– Perché lo dici?
– Perché lei scrive sempre delle cose sulla lavagna, ma poi ogni volta le fa leggere *a noi*!

DUE SOLI VERMI

Pierino e Paolino tornano a casa dopo la lezione in cui l'insegnante ha spiegato la storia di Noè e dell'arca.

– Ma secondo te – chiede Pierino all'amico, – dopo il diluvio Noè sarà riuscito almeno a pescare?

– Difficile, *con due soli vermi*...

TEMA

Tema: 'Se tu fossi a capo di un'azienda'. Tutti gli scolari si mettono subito al lavoro, tranne uno. Il maestro, stupito, gli domanda: – E tu, perché non scrivi?

– Io? – risponde il ragazzo con aria spavalda. – *Aspetto la mia segretaria!*

PIGRIZIA

Il maestro detta il tema: 'Gli effetti della pigrizia'. Dopo un'ora ritira gli elaborati e si accorge che Anna ha lasciato il foglio bianco.

– Che cosa significa questo? – domanda il maestro.

– Che il mio tema fa parte degli *effetti della pigrizia*!

PUNTI DI VISTA

– È più lontana la Nuova Zelanda o la Luna? – chiede il maestro a Luigino.

– La Nuova Zelanda! Infatti, *la Luna si vede, la Nuova Zelanda no*!

CAPRICCI

– Questa mattina non voglio andare a scuola. No, non ci voglio proprio andare! Dammi un buon motivo per andarci!

– *Sei il preside della scuola!*

BIADA O ARANCIATA?

Un professore sta interrogando un candidato durante un esame universitario. Il ragazzo è piuttosto sveglio, ma decisamente poco preparato sull'argomento. Alla fine, dopo qualche risposta incerta, il professore lo interrompe ed esclama, ironico: – Assistente, porti della biada *per l'asino*!

E lo studente: – *Per me* un'aranciata!

GIUSTIFICAZIONE

Pochi minuti prima dell'inizio delle lezioni il preside riceve una telefonata.
– Buongiorno, volevo avvertirla che oggi Marcello Rossi non può venire a scuola perché è ammalato.
– Va bene – dice il preside, – ma scusi, con chi parlo?
– *Sono il mio papà*, signor preside!

DISCENDENZE

L'insegnante di scienze agli alunni: – Voi tutti sapete che discendiamo dalle scimmie, ma, secondo voi, le scimmie da dove discendono?
Gigino: – *Dagli alberi!*

IL TEMPORALE

– Mario, che cos'è un temporale?
– Sono delle nubi che, spaventate da tuoni e fulmini, *scoppiano a piangere*!

PAGELLA PREISTORICA

All'età della pietra, un pomeriggio un bambino torna da scuola mogio mogio, entra nella caverna e consegna la pagella al papà.

Il genitore comincia a leggerla e si fa sempre più cupo: – Vada per il quattro in inglese, per il tre in matematica e l'insufficienza in geografia, ma in storia... c'era solo *mezza paginetta da studiare*!

FRATELLI... E SORELLA!

– Tarcisio – chiede la maestra, – puoi spiegarmi perché il tema che mi hai consegnato ieri è identico a quello scritto da tuo fratello l'anno scorso?
– Semplice, signora maestra... noi abbiamo anche una sorella ed *è lei che ci aiuta a fare i compiti*!

COMPITO IN CLASSE

Sergio al compagno di banco alla fine del compito in classe: – Com'è andata?
– Male, ho consegnato il foglio in bianco!
– Anch'io! La maestra penserà che *abbiamo copiato*!

SCENA MUTA

Esami di quinta elementare.
Pierino non è preparato e fa scena muta.
La maestra, esasperata: – Pierino, se vuoi che ti promuova devi dirmi qualcosa...
Pierino: – *Qualcosa!*

BRUTTA FIGURA

Uno studente incontra per la strada, vicino alla scuola, il suo professore di geografia e nel salutarlo gli dice: – Vedo che è di fretta, professore. Non starà per caso andando alla conferenza annunciata dal manifesto appeso qui? Dev'essere noiosissima...
– Eh, devo proprio andare lì... *Sono io che tengo la conferenza*!

FRAZIONI

La maestra: – Bene, oggi vi insegnerò le frazioni. Dunque, se io taglio una banana in cinque pezzi... e una pera in tre pezzi... e una mela in otto pezzi... e una fragola in due pezzi... che cosa ottengo?
Gigino: – Forse una... *macedonia*, signora maestra?

TIMIDEZZA

All'asilo, un bambino timido incontra una bambina timida.
I due fanno finta di niente per un po', poi per attaccare discorso lei mormora: – Io mi chiamo Maria, e tu?
L'altro bambino risponde, diventando tutto rosso: – *Io no!*

MA CHE ATTACCABRIGHE!

A scuola, un bambino presuntuoso dice a una bambina, dandosi un sacco di arie:
– Il mio bis-bisnonno ha combattuto la guerra contro Napoleone... il mio bisnonno ha combattuto contro gli Inglesi... mio nonno ha combattuto contro i Russi... il mio papà invece...
La bambina ribatte: – Certo che la tua è proprio una famiglia di... *attaccabrighe*!

NEL BOSCO...

L'insegnante a Gigi: – Che cosa si deve fare quando ci si perde nel bosco?
– Si chiedono informazioni all'*albero maestro*!

TUONI, FULMINI E SAETTE

Il maestro assegna in classe il tema 'Tuoni, fulmini e saette'.
Tonino ci pensa un po', poi scrive: – Accipicchia, *che temporale*!!!

CHE CAMINO È?

In classe la maestra sta facendo il dettato: – Ora, ragazzi, scrivete la parola 'camino'!
Passando vicino al banco di Gigino esclama: – Gigino! Perché hai scritto 'kamino', con la K?
Gigino: – Ma, signora maestra, se non ha la cappa, *che camino è*?

2 PIÙ 2

Il maestro chiede a un alunno: – Allora, dimmi, quanti occhi abbiamo?
Lui ci pensa un attimo, poi finalmente risponde: – Quattro!
– Ma no! Assurdo! – grida il maestro.
L'alunno insiste: – Quattro, signor maestro: *due lei e due io*!

MATEMATICA

In classe, lezione di matematica.
La maestra: – Avete fatto l'addizione?
Un alunno: – Sì, signora maestra, ho rifatto il conto ben cinque volte!
– Bravo!
– E... ho ottenuto *cinque totali diversi*!

UN ROMBO

Gigino affronta l'esame di quinta elementare. L'insegnante lo manda alla lavagna e gli dice: – Vediamo se sei preparato in geometria. Fammi un rombo!
Gigino ci pensa su un bel po', poi prova a dire: – *Brummm, brummm, brummm*!
L'insegnante lo sbatte fuori.
– Bocciato!
Gigino esce dalla stanza mogio mogio.
Fuori, in corridoio, incontra Tonino.
Gli chiede: – Senti un po', ma perché mi ha bocciato? Io non ho capito...
L'altro allora ci pensa su e poi gli spiega:
– Semplice! Lui ti ha chiesto un rombo... *e tu ne hai fatti tre*!

QUANTI ZERI?

La maestra chiede a Pierino: – Pierino, vediamo se sai rispondere. Con quanti zeri si scrive un milione?
Pierino: – Signora maestra, si scrive con sei zeri!!!
La maestra: – Bravo, Pierino. E con quanti zeri si scrive *mezzo* milione?
Pierino: – *Con tre*, signora maestra!

CHI HA FATTO L'UOVO?

La maestra disegna sulla lavagna un uovo, quindi domanda a tutta la classe: – Allora, rispondete: chi ha fatto l'uovo?
Pierino alza la mano: – Facile! *La signora maestra*!

VACANZE

La maestra detta il tema: 'Come avete trascorso le vacanze?'.
Pierino ci pensa su un bel po', poi scrive:
'Io bene, grazie. E lei?'.

CHE STORIA!

Come si chiama l'insegnante di storia dei pesci?
Storione!

INDOVINA...

– Qual è la frase che si sente più di frequente a scuola?
– *Non lo so!*

SCUOLA

CHE FURBETTO!

Pierino torna a casa e va dalla mamma:
– Mamma, mamma, se io nel compito in classe avessi preso un DIECI, che cosa mi daresti?
– Ti darei una bella torta, Pierino!
Pierino, con aria furbetta: – Beh, mamma, *allora dammi mezza torta, perché ho preso cinque*!

INDOVINELLO

Che cos'è che si può aprire e chiudere ma non è né una porta né una finestra, ti parla quando vuoi ma non ha né lingua né bocca?
Il libro!

ERA MALATO?

Lezione di storia.
La maestra interroga Pierino: – Avanti, dimmi: quando è morto Napoleone Bonaparte?
Pierino, sorpreso: – Oh, è morto? Ma davvero? Poverino! Non sapevo neppure *che fosse malato*!

IL FASCINO DEL PASSATO

Pierino: – Certo che sarebbe stato bello vivere nel Medioevo...
La maestra, colpita: – Perché?
Pierino: – Caspita! Mille anni di storia *in meno* da studiare...

GARIBALDI

La maestra domanda a Pinuccia: – Quando è nato Giuseppe Garibaldi?
– Molto, molto tempo fa!
– Dimmi quando è morto!
– Ah, signora maestra, non ci riesco, solo a pensarci mi commuovo!
– Rispondi almeno a questa domanda: che cosa successe dopo la sua morte?
– *Gli fecero i funerali*, signora maestra!

PIÙ O MENO!

La maestra a un alunno: – Allora, quanto fa sette più sette?
L'alunno: – Quindici!
La maestra: – Sbagliato!
L'alunno: – Però *mi ci sono avvicinato*, vero maestra?

IL PRIMO GIORNO DI SCUOLA

Matteo a un compagno di classe: – Quello che odio del primo giorno di scuola è che è troppo lontano dall'*ultimo giorno di scuola*!

STORIELLA BABBEA

È una mattina *babbea* di un giorno *babbeo* di una settimana *babbea* di un mese *babbeo* di un anno *babbeo*.
In una scuola *babbea*, un insegnante *babbeo* fa una battuta *babbea* a un alunno *babbeo*. Il Professor Babbeucoli dice all'allievo Babbeuccio: – Babbeuccio, se non fosse per me... tu saresti il più *babbeo* di tutta la scuola!

COOOSA?!

La maestra a una bambina: – Cara, ti è piaciuto il primo giorno di scuola?
– Cooosa? Primo giorno? Intende dire che *ci devo tornare domani*?!

AL BUIO

– Papà, tu sei capace di scrivere al buio?
– Forse sì, posso provarci... perché?
– Ecco... allora *mi firmeresti la pagella*?

LAUREA

Che cosa fa un topo all'università?
Si laurea in Topologia della letteratura rattica con centodieci e... *rode*!

SOGNI...

Tonino si sveglia alla mattina piangendo disperato.
La mamma: – Che cosa hai sognato?
– Ho sognato che un incendio bruciava la scuola!
– Ma su, Tonino, era solo un sogno!
Tonino, singhiozzando: – *Appunto*! Buuuuuuuuuuuuuuuuh!

ANTICHI SCRITTORI...

La maestra detta il tema in classe: ‘Gli scrittori dell’Ottocento’.
Pierino scrive: ‘Dunque... gli scrittori dell’Ottocento... *sono tutti morti!’*.

SUL TRONO

La maestra chiede a Pierino: – Sai dirmi qual è stata la prima cosa che ha fatto la regina Elisabetta I d’Inghilterra quando è arrivata al trono?
– *Si è seduta!*

ASSOLUTAMENTE CERTO!

Il professore di filosofia spiega ai suoi studenti: – Gli uomini intelligenti hanno sempre dubbi. Solo gli sciocchi non hanno mai dubbi, ma solo certezze!
Uno studente chiede: – Ne è certo?
– *Certissimo!*

CHE COS'È?

La maestra a Luisella: – Che cos'è un'autobiografia?
E la bambina: – La storia della vita... *di un'automobile*!!!

PROBLEMI... DI ILLUMINAZIONE

– Carlo, il tuo tema è un po' oscuro – commenta la maestra.
– Allora... *accenda la luce*!

STUDIARE GIORNO E NOTTE

Perché una pianta studia di giorno e di notte?
Per diventare un... *albero maestro*!

UNA BRUTTA PAGELLA

– Non è colpa mia se a scuola vado male! – si giustifica Marietto, tornato a casa con una brutta pagella. – È che sono seduto *in fondo alla classe*, e quindi quando tocca a me ricevere il voto, *rimangono solo quelli peggiori*!

ASILI NIDO

Non tutte le maestre sono adatte agli asili *nido*. Di certo non quelle che *soffrono di vertigini*!

BARZELLETTE ASSURDE!

– Il tempo *vola*, eh, cugino!

ALL'ANAGRAFE

Un pellerossa va all'ufficio anagrafe del comune e dice all'impiegato: – Buongiorno, mi chiamo 'Grande cavallo di ferro che sbuffa e corre su una lunga strada ferrata distesa su un'immensa prateria'. Sono qui perché vorrei cambiare nome.

– Bene, e come vorrebbe chiamarsi?

– *Treno!*

MENÙ NEL DESERTO

Nel Sahara il menù è molto limitato: c'è solo il *dessert*!

SIGNOR GIUDICE, CHE PROVA È?

In tribunale.
Il giudice si rivolge all'imputato.
– Imputato, lei ha rubato nel negozio di un gioielliere!
L'imputato: – Ehm, io veramente...
Il giudice: – Silenzio! Non tenti di negare! La prova è che ci sono tre, dico, ben tre testimoni oculari che dichiarano con certezza di averla vista sgraffignare una collana d'oro!
L'imputato: – Ma, signor giudice, dico io, che prova è questa? Io posso indicarle migliaia, dico, migliaia di altre persone *che non mi hanno visto*!!!

NUMERO SBAGLIATO

Dialogo telefonico.

– Pronto, qui è il *negozio di scarpe* 'Bianchi e Figli'.

– Ah, scusi, devo aver sbagliato numero.

– Non si preoccupi: ci riporti *le scarpe* e noi gliele cambiamo con un altro paio *della misura giusta*!

MOSÈ

Perché Mosè si fermò davanti al *Mar Rosso*?

Perché aspettava il *verde*!

PARTITA A CARTE

Una *pera* e una *mela* stanno giocando a carte, quando la pera dice all'amica:

– *Pesca!*

SU MARTE

– Come sono gli hotel su Marte? – chiede il giornalista all'astronauta appena tornato da una missione sul pianeta.
– Niente di speciale! Li ho trovati *privi di atmosfera*!

CHE FILM!

In un cinema, uno spettatore si china verso un vicino e mormora: – È già la quinta volta che vedo questo *film* e posso dirle che gli attori non hanno mai recitato bene *come oggi*!

BRUTTE SORPRESE

Una donna va a trovare il marito che sta scontando la pena in un carcere di massima sicurezza. – Allora – gli chiede premurosa, – hai avuto problemi con la lima che avevo messo nella torta?
– Eh sì... *Non l'ho digerita e mi operano domani*!

RIENTRO ANTICIPATO

C'era una volta un principe azzurro così brutto e antipatico, ma così brutto e antipatico... che Cenerentola tornò a casa alle *dieci e mezza*!

BAGNO DIMAGRANTE

Una saponetta domanda a un'amica:
– Tu che cosa fai per dimagrire?
– Ho un metodo semplicissimo: mi faccio *un bel bagno* tutti i giorni!

L'ALTRA GAMBA

– C'è un uomo con la gamba di legno di nome Ambrogio...
– *E come si chiama l'altra gamba?*

DEFINIZIONE

Luna: satellite terrestre che, come dice il nome, sorge un'*ora dopo mezzanotte*.

UN PO' PER UNO

A casa Babbeotti squilla il telefono.
– Pronto, chi parla?
– Mah, facciamo *un po' per uno*...

INDOVINA!

Che cosa ci fa una scatola di colori in un frutteto?
Cerca... *l'arancio*!

PRONTO?

Squilla il telefono.
Gigi risponde: – *Pronto*?
E la voce all’altro capo: – No, *devo finire di mettermi le scarpe*!

SEGRETERIA TELEFONICA

Squilla il telefono. La signora risponde e si sente dire: – Mi scusi, c’è Antonio?
– No – dice lei, – ha sbagliato numero.
Poco dopo, altra chiamata, altra voce:
– Mi scusi, c’è Antonio?
– No, ha sbagliato numero.
Qualche minuto più tardi, nuova telefonata: – *Salve, sono Antonio! Ha chiamato qualcuno per me?*

ASSURDE

IL VASO EGIZIO

In un museo si sta allestendo una mostra di antichissimi oggetti preziosi.
Il direttore si rivolge a uno degli addetti alla loro sistemazione e gli raccomanda:
– Faccia molta attenzione a quel vaso egizio: ha più di 4.000 anni.
– Stia tranquillo! – ribatte l'altro con premura. – Ne avrò cura *come se fosse nuovo*!

UNA TAZZA... DI TE

Che differenza c'è tra me e te?
Che tu puoi offrire una tazza di *tè* a *me*, ma io non posso offrire una tazza di *me* a *te*!

IL POSTO GIUSTO

A teatro, un tale in platea è sprofondato in una poltroncina, ha i capelli arruffati, i pantaloni strappati, la giacca a brandelli e lo sguardo confuso.
L'uomo che deve controllare i biglietti lo squadra a lungo, poi gli si avvicina sospettoso e dice: – Signore, mi faccia vedere il biglietto!
Lui glielo porge e l'altro, dopo averlo esaminato, gli spiega: – Guardi che questo non è il suo posto: lei ha un biglietto per la balconata!
– Lo so – sbuffa quello. – Infatti è proprio da lì che *sono caduto*!

ASSURDE

MEGLIO UN VETERINARIO...

Un paziente si presenta da un dottore per una prima visita.
Il medico inizia con le solite domande.
– L'appetito come va?
– Bene, mangio come *un lupo*!
– E il sonno? Dorme bene?
– Benissimo, *come un ghiro*!
– E lavora molto?
– *Come un mulo*!
– Beve molta acqua?
– *Come un cammello*!
– Ma è sicuro – gli chiede perplesso il dottore, – che per lei non sia meglio andare da un *veterinario*?

A TUTTO CALCIO!

– Ma come mai sono sei mesi che vai allo stadio ogni due settimane? – chiede un tale all'amico.
– Me l'ha prescritto il dottore... dice che *ho bisogno di tanto calcio*!

AL RISTORANTE

– Cameriere! È disgustoso! In questo *ricciolo* di burro c'è un *capello*!
Il cameriere, senza scomporsi: – Ah sì? Probabile, l'ho fatto col *pettine*!

ASCENSOREEE!

– Chiama l’ascensore – chiede un tale all’amico.
– Ascensoreee! – urla l’altro.
– Ma cosa stai facendo?
– Chiamo l’ascensore!
– Ma no! – ribatte il tale. – Chiamalo premendo il bottone!
E allora l’amico, premendo forte il bottone della camicia, urla: – *Ascensoreee!*

TIMIDEZZA

Qual è il segnale stradale più timido?
Il semaforo: diventa sempre *rosso*!

TRA PICCIONI

Due piccioni viaggiatori assistono al lancio di un missile.
– Caspita, come va veloce, quello!
– Vorrei vedere te, se avessi la coda *in fiamme*...

DIALOGO FRA CACTUS

Un cactus dice all'altro: – Dopo tanti anni ho capito una cosa: gli uomini, di qualunque razza siano, da qualunque paese provengano, usano sempre lo stesso linguaggio!
– Quale?
– Mah, dicono sempre *'Ahi, ahi, ahi!'*.

ASSURDE

LA PICCOLA SEGRETARIA

Gemma, a casa con l'influenza, sente suonare il telefono e va a rispondere.
È il signor Neri, che ha bisogno di parlare urgentemente con la madre della bambina. La piccola spiega che la mamma è dovuta uscire un attimo per prenderle le medicine. L'uomo la prega allora di farlo richiamare il più presto possibile al numero 044.182614719733.
Diligentemente, appena la madre rientra, la bambina le dice: – Mamma, devi richiamare subito un signore allo 044.182614719733!
– E non ti ha detto come si chiamava?
– Sì, ma... *chi se lo ricorda*!

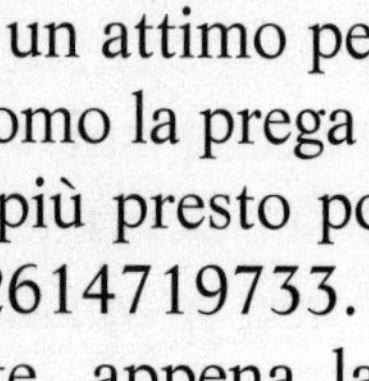

DOLCE

Qual è il dolce preferito a Barcellona?
Il *pan di Spagna*!

PURO COTONE

Paoletto va al campeggio estivo e da lì scrive alla madre una lettera disperata: 'Mamma, hai dimenticato di cucirmi l'etichetta col nome sui vestiti! Il capo del campeggio ha controllato l'etichetta e così ora tutti, ma proprio tutti, mi chiamano... *Puro Cotone*!'.

STELLE

Che differenza c'è tra un telescopio e una scarpa troppo stretta?
Nessuna differenza: *tutti e due ti fanno vedere... le stelle*!

QUAGLIA ARROSTO

Un tipo va al ristorante e ordina quaglia arrosto con piselli. Quando gli portano il piatto protesta con il cameriere: – Cameriere! Questa quaglia non è cotta abbastanza!
Il cameriere: – Come, non è cotta abbastanza?
Il cliente: – Non è cotta, le dico!
Il cameriere: – Le dico che è cotta!
Il cliente: – Non è cotta! Ma non vede? Guardi... *si sta mangiando tutti i piselli*!

SU UNA SCALA

Che cosa faceva uno sputo su una scala?
Saliva!

PETTINI

Che cosa fanno i pettini prepotenti?
Mostrano... *i denti*!

GIURAMENTO

Una signora pettegola telefona a un'amica: – Devo dirti una cosa, ma apri bene le orecchie, perché posso dirtelo una volta sola... *ho giurato di non ripeterlo*!

MELODIA

Il contrario di melodia?
Selotenga!

FLUTTI...

Che cosa sono i flutti?
Quelle cose che... *clescono sugli albeli*!

AMICI DI QUARTIERE

Marco passeggia per Trastevere insieme all'amico Romolo, che abita proprio lì.
In quel momento passa un gatto nero che miagola: – Buongiorno, Romolo!
Marco è strabiliato: – Incredibile!
Romolo scuote la testa. – Tu lo trovi incredibile? Mah, io lo trovo normale, *in questo quartiere ci si conosce tutti*!

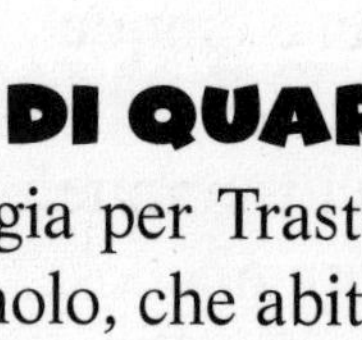

CHE ORA È

Un tipo ferma un passante per chiedere un'informazione.

– Scusi, che ora è?
– Sono le dieci e cinque!
– Scusi, che ora è?
– Sono le dieci e cinque!
– Scusi, che ora è?
– Sono le dieci e cinque!
– Scusi, che ora è?
– Sono le dieci e cinque!
– Scusi, che ora è?
– Sono le dieci e sei!
– Ah! *Prima ha mentito, allora*!

GALEOTTO

Dove si trova il galeotto?
Tra... il *galesette* e il *galenove*!

IL GIOCO DEL GRAN BARZELLETTIERE

(UNA SFIDA TUTTA DA RIDERE!)

GIOCATORI: 2-4

Ma si può giocare in tanti utilizzando piccoli oggetti come segnalini extra, per esempio bottoni o tappi.

MATERIALI DI GIOCO

1 tabellone suddiviso in 39 caselle
1 pedina segnaposto per ciascun giocatore
1 dado

INIZIO E SCOPO DEL GIOCO

Si estrae a sorte chi inizia per primo. Si gioca a turno, partendo dal VIA.
Scopo del gioco è percorrere l'intero tabellone e raggiungere la casella 39 prima degli avversari. Chi arriva per primo vince e si aggiudica il titolo di Gran Barzellettiere.

COME SI GIOCA

A turno, ogni giocatore lancia il dado e avanza di tante caselle quante ne indica il punteggio ottenuto.
Il giocatore che arriva su una casella:

★ INDOVINA...

Legge ad alta voce il colmo o l'indovinello presente sulla casella: ha 30 secondi di tempo per rispondere. Se la risposta è corretta, il giocatore avanza di una casella; se non indovina o sbaglia, rimane fermo.

★ RISATE COI BAFFI!

Deve recitare o mimare la barzelletta che trova sulla casella. Se almeno uno degli altri giocatori ride, il giocatore che ha raccontato la barzelletta avanza di una casella; se nessuno ride, rimane fermo.

PER I PIÙ ABILI

Il giocatore legge velocemente e in silenzio la barzelletta, poi deve recitarla a memoria agli altri: se riesce a ricordare tutto, avanza di una casella.

VARIANTE DI GIOCO

Usa le barzellette e gli indovinelli del LIBRO per rendere ogni partita diversa!

★ **Se un giocatore arriva su una casella INDOVINA...** il giocatore alla sua destra può cercare nel libro un indovinello o un colmo dello stesso argomento indicato sulla casella (aiutandosi nella ricerca con le icone) e leggere solo la domanda. Se il concorrente risponde esattamente, avanza di una casella; altrimenti, rimane fermo.

★ **Se un giocatore arriva su una casella RISATE COI BAFFI!** può cercare nel libro una barzelletta dello stesso argomento indicato sulla casella e recitarla ai compagni. Se almeno uno di loro ride, il giocatore avanza di una casella; se nessuno ride, rimane fermo.

PER I PIÙ ABILI

Se preferisce, il giocatore può inventare o raccontare una barzelletta qualsiasi tra tutte quelle che conosce, purché sia dell'argomento richiesto!

CASELLE SPECIALI

Sul tabellone ci sono alcune caselle speciali che possono facilitare oppure ostacolare il percorso.

JOLLY GERONIMO! CASELLE JOLLY GERONIMO: raddoppia il punteggio del tiro del dado

CASELLE avanza di 2 caselle

CASELLE STOP!: stai fermo un turno

CASELLE torna indietro di 2 caselle

CHI VINCE

Per vincere bisogna raggiungere la casella 39 con un lancio esatto. Altrimenti, si deve tornare indietro di tante caselle quanti sono i punti in più.

COLMI E INDOVINELLI
SOLUZIONI

2 . Una galleria!
3 . Mettere in riga gli alunni!
7 . Alì Bebè!
10 . Avere delle figlie... sveglie!
11 . Telefognino!
13 . Avere la gola infiammata!
16 . Dare i numeri!
18 . La valigia si porta,
la porta non si valigia...
21 . 'Babà!'
22 . Sposare la sua pupilla!
26 . L'orango-tango!
28 . Parlarsi a quattr'occhi!
30 . Rispondere per le rime a qualcuno!
33 . Nuotare a... farfalla!
36 . Sogno o son desktop?

Questo libro non è vendibile
se sprovvisto del presente tagliando
PROVA D'ACQUISTO
GERONIMO STILTON
LE PIÙ BELLE
BARZELLETTE DEL MONDO
566-3062